LES PRINCIPES DE L'ACTION CATHOLIQUE

DIEU D'ABORD

VERITAS LIBERABIT VOS

C'est de la VÉRITÉ que naît la LIBERTÉ

St JEAN - VIII 32

ABBÉ P. CARON
CURÉ DE SOMMIERES
Vienne
BLOUD & Cie ÉDITEURS
RUE MADAME — PARIS

LES PRINCIPES

DE

L'ACTION CATHOLIQUE

D'après l'avis favorable de Monseigneur l'Évêque de Poitiers, nous permettons d'imprimer à Paris l'ouvrage de M. l'abbé CARON, curé de Sommières et intitulé : *Les Principes de l'Action catholique.*

Paris, le 6 septembre 1905.

G. LEFEBVRE
Vic. gén.

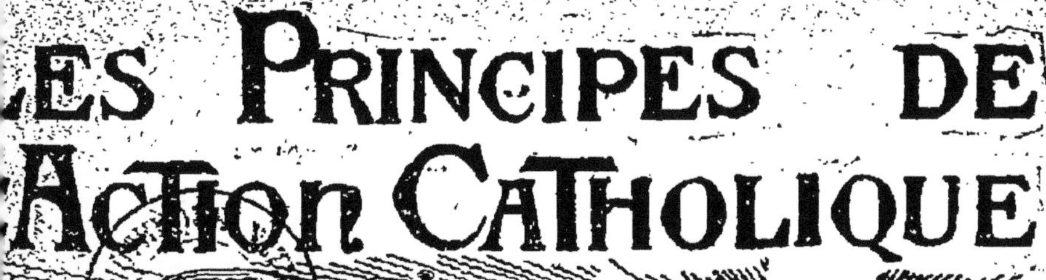

LES PRINCIPES DE L'ACTION CATHOLIQUE

AVANT-PROPOS

Etablir la nécessité, au point de vue politique, d'une union vraiment *catholique*, et indiquer les moyens de la réaliser, telle est la fin que nous nous sommes proposée, en publiant cet opuscule.

Il peut paraître surprenant qu'on vienne parler, après plus de vingt années de lutte religieuse, de la nécessité de s'unir sur le terrain catholique. Ce qui ne l'est pas moins c'est qu'on en ait jusqu'ici si peu parlé, et qu'on ait surtout si peu écouté ceux qui en parlaient. Nous avons vu se former en notre pays, pays entièrement catholique, des partis conservateur, libéral, progressiste, nationaliste, alors que la politique roulait sur la seule question catholique. A côté de nous, au contraire, en Allemagne et en Belgique, où la persécution religieuse, même aux plus mauvaises heures, n'a jamais eu l'acuité qu'elle revêt en France, le parti catholique s'est révélé immédiatement comme le seul capable de s'y opposer. Maintenant même, après de si cruelles expériences, de si amères désillusions, n'est-il pas scandaleux que des catholiques n'aient, en face d'un ennemi déterminé, marchant bannière au vent, au cri de : « A bas le Christianisme », qu'une seule ambition : « concilier les maximes de l'Evangile avec celles de la Révolution, le Christ avec Bélial, l'Eglise de Dieu avec l'Etat sans Dieu (1) » et qu'ils s'obstinent à chercher, dans cette conception bâtarde du libéralisme, la planche de salut, au milieu du naufrage de nos institutions et de nos œuvres catholiques ? Ne serait-il pas temps de renoncer, une fois pour toutes, à ces décevantes utopies et de chercher le seul remède à nos maux dans « le rappel des saines doctrines, desquelles seules on peut attendre avec confiance la conservation de l'ordre, et par là même, la garantie de la vraie liberté (2) ? »

N'y aurait-il que cette raison, que l'opportunité de cette publication nous paraîtrait amplement justifiée. Il est encore un autre point de vue, cependant, que nous ne saurions omettre. Le libéralisme se présente, en effet, non seulement comme système politique, mais encore comme doctrine antireligieuse, et, comme tel, il tombe sous les anathèmes de l'Eglise, et s'impose aux justes méfiances des bons catholiques.

De cette erreur, fille du rationalisme et du naturalisme, voici, en effet, ce qu'il est ordonné aux catholiques de penser : « Tous les chrétiens fidèles, surtout ceux qui président et qui enseignent, nous les supplions par les entrailles de Jésus-Christ et nous leur *ordonnons*, en vertu de l'autorité de ce même Dieu Sauveur, d'unir leur zèle et leurs efforts pour éloigner ces horreurs et les éliminer de la sainte Eglise (3). »

A cette injonction, nous nous conformons, malgré notre incapacité, avec d'autant plus d'empressement que cette doctrine dissolvante a été, par l'incertitude qu'elle a jetée dans les esprits, et l'amollissement qu'elle a créé dans les volontés, l'unique cause de nos échecs. La lutte actuelle n'est-elle pas la reproduction de celle qui se déclara, à l'aurore des temps, dans les célestes demeures ? Or, se figure-t-on l'archange Michel répondant au « Je ne servirai pas » de Lucifer, par la déclaration des droits

---

(1). Lettre de S. S. Léon XIII, au peuple italien, sur la Franc-Maçonnerie, 8 Déc. 1892.

(2) Encycl. *Libertas præstantissimum*, 20 juin 1888.

(3) Constitution : *Dei Filius*, vers la fin.

de l'ange, la proclamation de la liberté des cultes et l'appel à l'opinion céleste? Que se passa-t-il au contraire? Au cri de révolte de Lucifer, succéda d'abord « un silence » de stupeur ou de recueillement, puis le combat s'engagea, un « grand combat: Michel et ses anges combattaient contre le dragon, et le dragon combattait également, et ses anges avec lui; mais ceux-ci ne purent prévaloir, et leur place ne se trouva plus dans les cieux (1) ».

Telle est, dans sa suprême concision, toute l'histoire de ce premier combat. Or, « le grand dragon, l'ancien serpent, appelé le Démon et Satan, qui séduit tout l'univers, a été précipité sur la terre et ses anges avec lui, et malheur à la terre parce que le démon y est descendu plein d'une grande colère (2) » et cette colère, pour notre infortune, il nous la fait vraiment trop sentir, en ce moment, et nous fait craindre par là que ce « ne soit le commencement des maux annoncés pour la fin des temps et comme leur prise de contact avec la terre, et que véritablement *le fils de perdition* dont parle l'Apôtre n'ait déjà fait son avènement parmi nous (3) ». Mais, puisque, par une insigne faveur, Dieu invite présentement ses fils de la terre à continuer le combat que commencèrent jadis ses fils du ciel, ce combat n'ayant point changé de nature, l'ennemi ayant retenu son même cri de révolte, pouvons-nous ne pas y répondre par le même cri de fidélité : « Qui est comme Dieu », lancé par saint Michel? Laissons donc, aux hommes de la Révolution, leurs droits de l'homme, et affirmons d'abord, comme chrétiens, les droits de Dieu. Marchons, sous le drapeau, non de la liberté, mais de la vérité, car, c'est de la vérité que naît la liberté. Ayons les yeux fixés sur cette pure lumière qui brille au Vatican. Forts alors, dans le combat, de la force de

(1) *Apoc.*, ch. xii, v. 7 et 8.
(2) *Apoc.*, ch. xii, v. 9 et 12.
(3) Pie X, 1ere Encycl., 14 oct. 1903.

Dieu même, parce que, comme les chênes de la vieille France, nous aurons nos racines dans les profondeurs des traditions chrétiennes qui sont, quoi qu'on en dise, l'âme même du pays, nous nous assurerons facilement la palme de la victoire. *Fortis in prælio fecit victoriam* (1).

Que cela soit vrai, nous le pressentons instinctivement. Ce n'est pas suffisant : soyons-en convaincus, et, pour ce, examinons ensemble le mal dont nous souffrons et le remède qu'il convient d'y apporter.

(1) A l'office de la fête de saint Michel.

PREMIÈRE PARTIE

Le Mal

LES PRINCIPES

DE

L'ACTION CATHOLIQUE

CHAPITRE PREMIER

LE MAL DU DEHORS OU LE NATURALISME

Existe-t-il un mal propre à notre époque? telle est la question qui se pose au début de cette discussion.

Chaque siècle a eu ses pessimistes pour qui tout n'est pas pour le mieux sur la machine ronde, et dont les regards se reportent, avec complaisance, vers un passé qui ne leur semble meilleur que parce que, à ce moment, ils étaient plus jeunes. *Laudator temporis acti, se puero,* disait Horace. Mais, ces grincheux n'ont été, pour ainsi dire, que des isolés dans la grosse masse des gens satisfaits, ou à peu près, de leur sort; tandis qu'aujourd'hui, des quatre coins de l'horizon, des hauteurs comme des bas-fonds de la société, ce n'est qu'un mécontentement général, un cri de « douleur universelle », pour employer le langage d'un libertaire (1). Les optimistes mêmes, ces impénitents de l'espoir, avouent qu'il y a un « malaise ».

Où l'on ne s'entend plus, c'est quand il s'agit de définir le mal dont nous souffrons. Les uns le mettent dans l'abus du pouvoir, d'autres, au contraire, dans l'excès de la liberté. A qui entendre ?

« Pouvons-nous mieux acquitter notre dette envers cette société qui agonise, pouvons-nous plus utilement servir notre infortunée patrie, qu'en nous pénétrant plus que jamais de cette sainte vérité chrétienne, qui est la loi et la source de la vie..., et surtout en l'*allant chercher* dans les paroles infaillibles que l'Esprit du Seigneur a inspirées à l'auguste assemblée pour les besoins de notre temps (2) ? » Cette auguste assemblée dont parlait l'illustre évêque de Poitiers, c'était le Concile du Vatican.

Pour décrire le mal présent, nous ne saurions donc mieux faire que d'emprunter les paroles mêmes du Concile dont l'œuvre ne fut point « une œuvre vague, mais une œuvre précise, une œuvre actuelle, une œuvre appropriée à la situation des choses, à la disposition des esprits, aux souffrances et aux nécessités de l'époque (3)». Le grand évêque de Poitiers, qui y prit part, nous en fournira le commentaire le plus éloquent et le plus autorisé, car, en lui,

---

(1) Sébastien FAURE.

(2) Mgr Pie. Inst. synod. sur la première const. du Conc. du Vatican.

(3) Mgr Pie. Même instruct.

selon l'expression de saint Augustin, c'est « l'insigne docteur des églises » qui parle.

Le mal de notre temps a été considéré, par le saint Concile, sous un double aspect : comme mal du *dehors*, mal de ceux qui n'appartiennent point au divin royaume, mal des impies pour mieux dire, et comme mal du *dedans*, mal des fils de Dieu, mal des catholiques.

Le premier de ces maux reçoit du Concile une appellation « vraie, lumineuse, décisive » : le *Naturalisme*.

C'est celui dont nous nous occuperons dans ce chapitre.

Voici comment le Concile le caractérise :

« C'est alors qu'apparut et se propagea, au loin, par le monde, cette doctrine du rationalisme ou du naturalisme, qui, opposée en tout point à la religion chrétienne en tant que celle-ci est le surnaturel institué, s'acharne de toutes ses forces à exclure de la pensée, de la vie et des mœurs des peuples le Christ, notre unique Sauveur et Seigneur, pour y établir ce qu'ils appellent le règne de la pure raison ou de la pure nature. — La religion chrétienne étant donc délaissée et rejetée, le vrai Dieu et son Christ étant niés, beaucoup sont tombés alors dans le gouffre du panthéisme, du matérialisme, de l'athéisme, de sorte que, reniant même la raison humaine et toute règle du juste et de l'injuste, ils en viennent à détruire les bases de la société humaine (1). »

Suivons maintenant, sous trois chefs principaux : *Rationalisme, Sensualisme, Socialisme,*

____

(1) Constitution : *Dei Filius.*

l'explication que nous donne de cette erreur générale du *Naturalisme*, l'évêque de Poitiers.

1° *Rationalisme.* — C'est le mal des intelligences : « Les hérésies proscrites par le Concile de Trente, dit Mgr Pie, étaient d'accord sur deux points : rejeter le magistère divin de l'Eglise et soumettre toutes les questions religieuses au jugement de chaque particulier. Si négatif que fût ce principe, la prétendue réforme s'y retrancha comme dans sa forteresse : elle s'intitula fièrement la religion du libre examen. Etant donné un pareil point de départ, il est arrivé ce qui devait arriver : les hérésies ne tardèrent point à se fractionner en une infinité de sectes, parmi lesquelles éclatèrent de nouvelles discussions et de nouveaux conflits.

« ...On marcha et l'on dut marcher de doute en doute, de division en division, et finalement de négation en négation : à ce point que, chez un trop grand nombre, la foi en Jésus-Christ reçut de mortelles atteintes...Les pères avaient nié que Dieu fût dans l'Eglise ; les fils nièrent à leur tour que Dieu fût dans l'Ecriture ; et du sein même de ce protestantisme sortirent des voix qui nièrent, dès la fin du XVIIᵉ, et surtout dans le cours du XVIIIᵉ siècle, que Dieu fût en Jésus-Christ : en attendant qu'une race plus descendue et plus perdue, mais que les premiers révoltés n'avaient pas le droit de déclarer illégitime, eût l'audace d'affirmer que Dieu n'est nulle part. Ici commence proprement le mal de notre époque.

« Ce fut alors, en effet, que, suivant les pentes déjà formées et subissant l'impulsion donnée par l'hérésie, on quitta définitivement, et non pas sans mépris, la sphère théologique. C'était le monde trop haut selon les uns, trop orageux d'après les autres, et engendrant plus de querelles qu'il ne donnait de profit. Dans tous les cas, c'était une superfluité véritable, la *nature* possédant en elle-même toutes les lumières, les forces et les ressources nécessaires pour régler toutes choses ici-bas, tracer la conduite de chacun, protéger les intérêts de tous et parvenir au terme final de sa destinée qui est le bonheur.

« ...Mais si la nature est tout, la nature est Dieu... Finalement, tout est Dieu, et il n'y a de vrai Dieu que l'universalité des êtres. C'est l'impur *panthéisme*.

« Mais si tout est Dieu, nul n'est personnellement Dieu. Si Dieu est vous et moi, il n'est ni moi ni vous. Si Dieu est aussi divers que le sont les hommes et les choses, il est plus que divers, il est contradictoire, il est oui et non. Etant le oui et le non, il s'exclut lui-même, il n'est pas. Voilà *l'athéisme*.

« Et s'il n'y a pas de Dieu, c'est-à-dire de premier Esprit, y a-t-il vraiment des esprits ? Qui a vu des esprits ? Qui a vu des âmes ? L'âme, la substance spirituelle, qu'est-ce autre chose qu'une pure conjecture, une induction pour le moins contestable, et qui, n'étant pas et ne pouvant pas être fondée sur l'expérience, ne saurait jamais être élevée au rang d'une donnée scientifique. Comment affirmer l'invisible, l'impalpable, l'invérifiable ? Il n'y a de certain que ce qui est démontré, il n'y a de démontré que ce qui est attesté par les sens ou établi par le calcul. L'homme est chair et n'est que chair ;

il est matière et la matière est tout ce qui existe. C'est l'abject *matérialisme* (1). »

Voilà bien le mal des intelligences. On a voulu établir le règne de la raison pure, et l'on n'a pas compris que la raison humaine n'est rien sans Celui qui est la raison même des choses, parce qu'il est le Vrai, le Bien et le Beau, ces règles éternelles sur lesquelles elles ont été établies. « Toutes choses ayant été faites par lui et rien de ce qui a été fait n'ayant été fait sans lui », il est donc la source, le principe des principes qui forment le fond de la raison humaine. C'est pourquoi, « ces hommes, qui se disaient sages, sont devenus fous (2) ». C'est pourquoi aussi, « désespérant de trouver la vérité, ils se sont abandonnés à l'impudicité, pour faire toutes les œuvres de l'impureté et de l'avarice (3) ».

2° Sensualisme. — C'est qu'en effet « l'homme n'oppose pas seulement à Dieu sa raison révoltée, mais encore et surtout sa volonté, ses puissances, ses appétits, ses besoins, ses passions, tout lui-même, sa nature enfin... Or, comme cette nature est devenue une sorte d'enceinte fortifiée et de camp retranché, où la créature s'enferme comme dans son domaine propre et tout à fait inaliénable, elle s'y pose comme y étant complètement maîtresse d'elle-même, armée d'imprescriptibles droits, ayant à demander des comptes, mais n'en ayant jamais à rendre... En somme, on se suffit, et, possédant en soi son principe, sa loi et sa fin, on est son monde, et on devient à peu près son Dieu ».

(1) Instruct. synod.
(2) Aux Rom., I, 22.
(3) Aux Eph., IV, 19.

Ceci pour l'individu. « Et, s'il est par trop manifeste que l'individu, pris comme tel, est indigent sur beaucoup de points et insuffisant pour beaucoup de choses, néanmoins pour se compléter, il n'a pas à sortir de son ordre, il trouve dans l'humanité, dans la collectivité, ce qui lui manque personnellement. » Voilà pour la société. « Et, continue l'évêque de Poitiers, là est le fondement de la doctrine révolutionnaire de la souveraineté de l'homme incarnée dans la souveraineté du peuple. En somme, la nature est le vrai et l'unique trésor, et c'est assez pour nous d'y puiser. »

A ce tableau tracé d'une manière si saisissante par la main d'un maître, que pourrions-nous ajouter? Ceux que l'illustre prélat stigmatisait ainsi n'adorent guère la déesse raison que sous les traits de l'impudique Maillard, comme leurs ancêtres de 93 ; s'ils sont à eux-mêmes leur dieu, c'est sous la forme que marquait l'Apôtre : *Quorum deus venter est.* Il n'en peut être autrement : la nature dont ils veulent faire leur principe, leur loi et leur fin n'étant que la nature corrompue par le péché, la chair avec ses vices et ses concupiscences.

3º *Socialisme.* — Jésus-Christ est la vraie lumière qui illumine tout homme venant en ce monde ; il est également, pour la société, la source de la vraie fraternité dont tous ses membres doivent être pénétrés. Or, dit le Concile, « ayant renié Dieu et son Christ, on en est venu à nier la raison même, à abandonner toute règle du juste et de l'injuste, à ébranler les bases de la société humaine ». « Car, et c'est maintenant Mgr Pie qui parle, les idées gouvernent et commandent les actes. Or, parce qu'il y a encore une société, et que, même après qu'elle a méconnu Dieu, trahi Dieu, expulsé Dieu, la société est obligée, sous peine de mort, de s'attribuer et d'exercer des droits divins, par exemple, d'affirmer certains principes, d'établir des lois, d'instituer des juges, de se protéger elle-même par des armées, enfin d'opposer des digues à ce qu'elle nomme encore le mal, et que d'autres appellent le bien, attendu que c'est la satisfaction d'un besoin naturel, d'une vie naturelle, de cette nature enfin qui est le vrai et l'unique divin ; à cause de cela, et en haine des éléments conservateurs qu'elle est forcée de retenir, la société naturelle se voit en butte à toutes les agressions dont l'ordre surnaturel avait été le point de mire. A son tour, elle est la grande ennemie, la grande usurpatrice, le grand tyran, le grand obstacle qu'il faut renverser et détruire à tout prix : société politique et civile, société même domestique, car les deux sont fondées sur la stabilité du mariage qui est pour la nature un joug intolérable, sur l'hérédité qui est une violation manifeste de l'égalité naturelle, et enfin sur la propriété qui est le vol par les individus d'un bien appartenant par nature à tous. Et ainsi, de négations en négations, le naturalisme conduit à la négation des bases mêmes de la nature raisonnable, à la négation de toute règle du juste et de l'injuste, par suite au renversement de tous les fondements de la société. Nous voici au socialisme et au communisme (1). »

(1) Instruct. synod.

Le rationalisme, le sensualisme et le socialisme ne sont que trois formes d'une seule erreur, le naturalisme, « doctrine fausse, meurtrière, mais système large, suivi, complet qui embrasse l'erreur sous toutes ses formes. Et l'on peut dire que comme le Christianisme est l'affirmation de toute vérité et de tout bien, le naturalisme est le règne absolu du mensonge et du mal (1) ». C'est la haine de Dieu, de son Christ, et de l'Eglise du Christ.

Il devient évident, maintenant, pourquoi, parlant des maux présents, nous ne nous sommes pas attardé, comme cela se fait communément, à tracer un tableau plus ou moins noir de la situation religieuse, politique ou financière de la France. Tout ce qui, chez nous, revêt un caractère de désordre moral : la dépopulation, l'alcoolisme, le divorce, les naissances illégitimes, les infanticides, les crimes précoces, le dévergondage des mœurs, la licence dans les paroles et dans les écrits, la recherche du scandale, la prostitution éhontée, la rage du nu, le luxe insolent, la cupidité, les rapines, les escroqueries gigantesques, les mensonges politiques, l'arbitraire, l'oppression dans les lois, tout cela n'est que l'effroyable floraison, la hideuse fécondité de cet arbre maudit du Naturalisme.

Voilà le mal. Il n'est pas le seul, hélas ! et, après avoir signalé le mal du dehors, il nous reste à « mettre à nu, courageusement, la plaie du dedans ».

(1) Même instruct.

CHAPITRE II

LE MAL DU DEDANS OU LE LIBÉRALISME

Peut-il y avoir un mal encore plus grave que celui que nous venons de signaler et qu'on peut appeler le mal par excellence, puisqu'il est la haine de Dieu ? S'il en existe un, n'est-il pas seulement la conséquence, le corollaire du premier ?

Le second mal dont nous allons faire l'analyse est encore plus grave que le premier, parce que loin d'en être la conséquence, il en est, au contraire, la cause.

Suivons attentivement le texte du Concile du Vatican. « Avec cette sobriété de paroles qui sied si bien à qui parle au nom de Dieu », il nous révèle le second mal, le mal des bons :

« Or, cette impiété (le naturalisme) s'étant étendue de toutes parts, il arriva malheureusement qu'un grand nombre des fils mêmes de l'Eglise catholique s'écartèrent de la voie de la vraie piété, et qu'en eux, avec la diminution progressive des vérités, s'affaiblit aussi le sens catholique. »

Il semblerait, d'après le Concile, que cet amoindrissement du sens catholique soit dû au naturalisme, et n'en soit alors que la conséquence. Mais, comme le dit Mgr Pie, « le mal n'atteint jamais de pareilles proportions que si, à côté du nombre relativement petit de ceux qui agissent, il y a le grand nombre de ceux qui laissent faire. Il en est des phénomènes moraux et sociaux comme des phénomènes physiques : ils ne se produisent et surtout ne se développent jamais entièrement hors des milieux qui leur sont favorables (1) ». En un mot, l'arbre du mal n'aurait jamais pu prendre de tels accroissements s'il avait senti peser sur lui, dès son germe, les puissantes ramures de l'arbre du bien. C'est parce que ce dernier s'était comme atrophié que le premier a pu progresser.

« Affaiblie par le péché, l'humanité penche naturellement à l'erreur (2) » et par là même à la corruption. Le naturalisme, avec tous les désordres qu'il entraîne, est donc un fruit naturel du péché, « car l'esprit et les pensées de l'homme sont inclinés au mal dès sa jeunesse (3) ». Mais cette tendance naturelle au mal est, selon le langage de l'Ecriture, « sous le contrôle de l'homme, de telle sorte qu'il puisse la dominer ». Le devoir de l'homme est donc de se rendre maître du mal, de le réfréner en soi d'abord, puis aussi dans autrui.

Le Créateur, en effet, par le fait même qu'il

____

(1) 1re Inst. Synod.
(2) L. VEUILLOT. *L'illusion libérale.*
(3) *Genése*, IV, 7.

est le Vrai et le Bien, ne peut supporter l'erreur ni le mal. Il les fait fuir de devant sa face, comme la lumière disperse les ténèbres. Mais, ayant une fois décidé, dans son infinie sagesse, de conduire l'homme, sa créature privilégiée, non par des voies nécessaires, mais par des voies libres, comme il convient d'ailleurs à un être doué de raison, il abdiqua, en quelque sorte, en faveur de l'homme, son droit souverain sur l'erreur et le mal, lui faisant en même temps un devoir de l'exercer ici-bas, non pas tant en vue de son intérêt personnel que dans l'intérêt de l'honneur divin. Ce droit, Dieu ne le retire à ses mandataires que lorsque, par la trahison ou l'incurie de ceux-ci, le mal est parvenu à un tel degré qu'il menace d'ébranler les fondements mêmes de l'ordre moral. A ce moment seulement, et quand la terre, comme dit l'Ecriture, étant pleine d'iniquité, toute chair y a corrompu sa voie, Dieu intervient lui-même ; il reprend ses droits, et flagelle, pour leur plus grand bien, la terre et ses habitants. Cette règle divine est tellement certaine que les païens eux-mêmes n'ont point fait difficulté de l'admettre. Nous voyons dans le *Chou-King*, le livre le plus ancien et le plus respectable de la Chine, que « le Ciel donne au prince l'empire, par un mandat spécial qui le constitue fils du Ciel, et ses fonctionnaires vicaires du Ciel, pour instruire et diriger le peuple au nom du Ciel. Ce mandat est continué au prince tant qu'il est vertueux, mais il lui est retiré s'il s'abandonne au vice, et le Ciel le transmet à un autre qui se dira chargé d'exécuter respectueusement les châtiments du Ciel (1) ».

On comprend, dès lors, que le Naturalisme n'aurait pu prévaloir, dans la société moderne, s'il n'avait eu la chance de rencontrer des complicités parmi ceux qui avaient charge de le combattre. La plaie du dedans est donc la cause indirecte de celle du dehors. Elle la dépasse en gravité parce qu'elle attaque le principe même de la résistance qui doit lui être opposée. Elle est plus odieuse aux yeux de Dieu, parce que la haine honore et grandit parfois ceux qui en sont l'objet, tandis que le reniement les amoindrit, en laissant supposer qu'ils ont donné sujet à l'abandon dans lequel on les laisse. C'est ce qu'exprime l'Esprit-Saint, par ces plaintes amères qu'il met dans la bouche de David : « Non, ce n'est pas un ennemi qui m'outrage : je l'aurais supporté ; ce n'est pas celui qui me hait qui s'élève contre moi : je me déroberais à sa poursuite. C'est toi que je regardais comme un autre moi-même ; toi, le chef de mes conseils, toi, qui vivais familièrement avec moi ; toi, le confident de mes secrets, avec qui je marchais dans la maison du Seigneur (2). »

Quelque étendue qu'ait donnée à l'exposé de cette erreur l'évêque de Poitiers, dans son Instruction synodale, nous ne pouvons, vu son importance, nous empêcher de le mettre, en son entier, sous les yeux du lecteur. Donnons d'abord, à cette erreur, le nom qui lui convient : le libéralisme, car c'est de lui qu'il s'agit.

(1) *Confucius, sa vie, sa doctrine*, Bloud, éditeur.
(2) Ps. LIV, 12, 13, 14.

« Par suite d'un voisinage et d'un commerce continu, dit Mgr Pie, il est arrivé que le naturalisme politique a déteint sur un christianisme qui s'est qualifié « libéral ». Le programme de conciliation entre la doctrine chrétienne et les principes modernes a été posé, développé, défendu par des plumes non moins habiles qu'honnêtes. On s'est laissé persuader, on a laissé enseigner et l'on a enseigné soi-même, que la nature avait ses provinces absolument libres ; que la raison, dans son ordre propre, n'avait aucun compte à rendre à la foi ; que ni la science ni la philosophie n'étaient à aucun titre les servantes de la théologie, mais bien ses sœurs et peut-être ses sœurs aînées ; que la politique surtout avait son domaine, non pas seulement distinct, mais complètement séparé et indépendant. Par un effet de ces mirages trompeurs, le divin, là même où l'on y croyait, a perdu de son prestige, et, partant, de son empire. Le surnaturel, même pour ceux qui l'acceptaient et en vivaient, a paru plus restreint dans son étendue, plus limité surtout dans la sphère de son action légitime, qu'on ne l'avait pensé durant tout le cours des siècles précédents. Le christianisme, tenu toujours pour religion céleste, et devant garder ici-bas une place des plus honorables et véritablement sacrée, n'a plus été considéré comme le principe, la loi suprême et la fin dernière de toutes les choses humaines et temporelles. Jésus-Christ, reconnu roi des âmes et législateur suprême des consciences, a vu plus que contester sa royauté sur les nations et sur la création entière. Et l'on est sorti par là, comme dit le Concile, des voies de

la vraie piété : de la piété envers le père qui est
Dieu ; de la piété également commandée, également
nécessaire envers la mère qui est la sainte
Eglise. Si l'on était encore soumis, on avait
cessé d'être filial, parfois même d'être respectueux. En obtempérant aux ordres, on refusait
sa sympathie et même son approbation aux
conduites. On accusait promptement et volontiers ; on blâmait sans difficulté ni scrupule.
Au nom de sa sagesse propre et de son expérience et de sa science, on mettait en question,
on révoquait en doute, on attaquait plus ou moins
ouvertement la science, l'expérience, la sagesse
divine et surnaturelle de l'Eglise, spécialement
de l'Eglise romaine et du Saint-Siège ; on réclamait contre plusieurs de ses volontés décla-
rées, qu'on jugeait intempestives et attentatoires
au droit et à la liberté des opinions. En somme,
la lumière baissait dans les esprits en même
temps que la foi et la charité dans les âmes ;
les principes s'y effaçaient, les vérités s'y
diminuaient, le sens catholique s'y émoussait...
Et jusqu'où n'a pas été l'entraînement de
quelques-uns ? Ce qu'on refusait aux vraies et
pures doctrines, on l'accordait à toutes sortes
de doctrines nouvelles et étrangères, et l'on·
tentait des amalgames pitoyables, des alliances
impossibles entre les unes et les autres. Alors
et fatalement on a perdu la science et le sens
des limites. Où Dieu avait établi la distinction
pour faire l'union dans l'ordre, on a fait la
confusion ou la séparation, c'est-à-dire, dans les
deux cas, le désordre et la mort. L'Allemagne
a voulu faire de la théologie une philosophie
transcendante. La France a prétendu contrôler

la foi par la science. La religion, pour un trop grand nombre, n'a plus guère été qu'un sentiment, la foi un instinct, la charité un enthousiasme, la prière une pieuse rêverie. On a composé des histoires, des histoires même bibliques et ecclésiastiques; on est allé jusqu'à écrire des vies de saints, en se donnant pour tâche de tout expliquer, ou à peu près, par des causes naturelles, et en ramenant presque tout à des faits humains, dirigés sans doute par la providence, mais simplement humains. La voie une fois ouverte, on ne s'est point arrêté; on a pareillement humanisé les dogmes et les mystères, humanisé la morale et le culte. Ayant naturalisé les préceptes, on a pris à parti les conseils comme autant d'exagérations, plus propres à faire des fanatiques qu'à former de véritables hommes et surtout de vrais citoyens. On a rêvé je ne sais quels progrès, je ne sais quelles conditions d'existence sociale, en dehors de la foi, en dehors de l'Eglise et du Christ, en dehors de tout principe surnaturel ou même de tout principe métaphysique. On a systématiquement écarté, supprimé, aboli la question divine, prétendant supprimer par là ce qui divise les hommes, et rejetant ainsi de l'édifice la pierre fondamentale, sous prétexte qu'elle est une pierre d'achoppement et de contradiction.

« Bref, là où la rupture n'a pas été consommée avec le christianisme, le sens orthodoxe des dogmes catholiques a été dénaturé, l'intégrité et la pureté de la foi a été mise en péril. Et, l'affaiblissement ou la falsification des doctrines réagissant nécessairement sur tout le reste, la génération moderne, dans ses pensées, dans ses œuvres, dans son caractère, dans sa vie, est devenue hésitante, pusillanime, médiocre, tolérante pour le mal, plus encore que pour les méchants, insouciante de l'erreur et parfois pleine de bienveillance pour elle, par-dessus tout impuissante et inhabile pour le bien, incapable de pourvoir à sa propre stabilité et de conjurer sa ruine même matérielle. C'est là, disons-nous, le mal de notre temps. » Ainsi concluait l'évêque de Poitiers.

Trente-cinq ans ont passé sur ces paroles. Sont-elles moins vraies maintenant qu'au moment où elles étaient prononcées ? Si l'insigne successeur de saint Hilaire venait à surgir de sa tombe, ne s'écrierait-il pas, avec saint Polycarpe, en face de cette société redevenue païenne : « O Dieu ! pour quel spectacle m'avez-vous réservé ! »

Il n'entre pas dans le cadre de cet ouvrage de considérer le libéralisme, au point de vue purement doctrinal. C'est pourquoi, pour suppléer à cette omission, nous avons cru devoir mettre ici, tout au long, l'exposé qu'en fait Mgr Pie. Tout y est à méditer d'ailleurs, et telles de ces lignes, jetant un jour particulier sur le libéralisme politique dont nous allons nous occuper plus spécialement, celles-ci entre autres : « la politique a son domaine, non pas seulement distinct mais complétement séparé et indépendant de la religion » et « on prétend supprimer par là ce qui divise les hommes », ne rappellent-elles pas des formules trop célèbres et trop récentes pour qu'on ait pu les mettre en oubli ? — Mais n'anticipons pas, et examinons maintenant en quoi consiste le libéralisme politique.

CHAPITRE III

LE LIBÉRALISME POLITIQUE

S'il est relativement aisé de fixer quelques traits du libéralisme, il devient extrêmement difficile de le saisir dans son être même, d'en pénétrer l'essence, en un mot, de le définir. Véritable Protée, il prend toutes les formes ; caméléon de l'erreur, il se pare de toutes les couleurs, en même temps qu'il admet tous les degrés. Veut-on voir en lui la doctrine de la liberté ? rien n'est plus vague, rien n'est moins certain. « Le catholique libéral, disait L. Veuillot, n'est ni catholique ni libéral. Je veux dire par là qu'il n'a pas plus la notion vraie de la liberté que la notion vraie de l'Eglise. Sectaire, voilà son vrai nom. » — Est-ce même une doctrine ? nous ne le voyons pas, puisque le libéralisme se défend de rien affirmer, de rien trancher. — Pourtant, si nous en croyons un éminent académicien, il serait plus qu'une doctrine, il serait une religion. « Il faudrait, disait récemment M. Emile Faguet, que les droits de l'homme fussent une religion. » Ce n'est pas un catholicisme mitigé, puisque certains libéraux se rapprochent plus des libres-penseurs que des catholiques ; ce n'est pas non plus un naturalisme déguisé, puisque d'autres libéraux se réclament de leur soumission à l'Eglise et de leur attachement aux pratiques religieuses. Qu'est-ce donc enfin que le libéralisme ? « C'est, répond un apologiste moderne, la doctrine qui reconnaît et assure des droits égaux à l'erreur et à la vérité, au mal et au bien (1). »

C'est un système purement négatif : il n'ose, en effet, se prononcer entre l'erreur et la vérité, entre le juste et l'injuste ; et, cependant, il se montre affirmatif, en faisant de son indifférence même « la base, le programme de conciliation entre la doctrine chrétienne et les principes modernes ». Veut-on d'ailleurs le connaître mieux ? Qu'on examine attentivement la liste de ses revendications. En voici les principales : liberté de conscience ou des cultes, liberté de la presse, liberté d'enseignement, liberté d'association.

La liberté de conscience prétend assurer à chacun le *droit* de professer et de propager telle religion qu'il lui plaît, ou de n'en professer aucune. Elle exige que l'Etat, pratiquement athée, ne rende aucun culte à Dieu ; que nulle religion ne soit privilégiée, alors même que la nation en grande majorité ferait profession du catholicisme. — La liberté de la presse affirme le droit d'exprimer par la plume, de propager par des écrits, n'importe quelle doctrine en matière morale, politique, sociale et religieuse, si entachée soit-elle d'impiété ou d'immoralité.

(1) P. W. Devivier. Cours d'apologétique chrétienne.

— La liberté d'enseignement proclame que chacun a le droit naturel de propager ces mêmes doctrines par la voie de l'enseignement public. — La liberté d'association érige en droit la faculté de former n'importe quelle société, même secrète et contraire à la religion et à l'ordre moral. — Et remarquons bien qu'il ne s'agit pas ici d'une simple tolérance, en vue d'éviter des maux considérables, mais de la reconnaissance de ce qu'on déclare un droit naturel, sacré, imprescriptible. Il est bien vrai qu'on formule certaines restrictions relatives à l'usage de ces libertés ; mais outre qu'elles sont illogiques, ces restrictions ne sont guère que théoriques (1).

Nous nous trompions évidemment quand nous affirmions que le libéralisme n'a rien de commun avec le naturalisme. Qu'est-ce que cette liberté « en tout et pour tous », sinon une libre expansion de la nature, en ce qu'elle a de bon comme en ce qu'elle a de mauvais. Mais, assez parlé du libéralisme théorique. Les documents que nous allons maintenant soumettre au lecteur vont donner une idée assez juste de ce qu'est le libéralisme pratique.

Au mois de juin 1902, l'*Œuvre électorale*, petite revue de l'organisation catholique, adressait à ses lecteurs l'appel suivant :

La situation faite aujourd'hui, en France, aux catholiques, est bien nette. La guerre leur est ouvertement déclarée, et leurs ennemis sont décidés à se montrer impitoyables dans l'exécution des ordres de la Franc-Maçonnerie.

Ils ne s'en cachent pas, du reste, et leurs journaux

____

(1) Devivier. Apolog. chrét.

répètent à l'envi que, dans la campagne qui va s'ouvrir, tout l'effort de l'attaque portera sur le catholicisme. « Notre politique, écrit l'un d'eux, doit être anticléricale, surtout anticléricale, et, s'il le faut, uniquement anticléricale. » C'est par le cri étrangement significatif de « A bas la calotte ! » que l'élection de M. Bourgeois au fauteuil présidentiel a été accueillie sur les bancs de la majorité sectaire de la Chambre ; et l'avènement du ministère Combes, inscrivant en tête de son programme la suppression de tout ordre religieux et de toute liberté d'enseignement, n'est pas moins caractéristique.

Nul ne peut s'y tromper. « A travers la liberté d'enseignement, dit excellemment M. de Marcère, c'est le catholicisme que l'on vise. Voilà la vérité ; il faut la dire... Guerre à l'Eglise catholique et aux catholiques de France ; guerre sans répit ni merci. Voilà le programme. »

A ces menaces ouvertes, comment pouvons-nous répondre autrement qu'en nous déclarant ouvertement catholiques ?

Partout, lorsqu'un combat s'engage, au premier coup de canon, chacun déploie son drapeau. Nos ennemis ont démasqué le leur ; à nous d'arborer fièrement le nôtre. Il y va de notre devoir, de notre intérêt, de notre dignité.

« C'est une illusion, dit avec une profonde vérité M. Brunetière, c'est une illusion de croire qu'on triomphera, avec un vague libéralisme, de l'action combinée du jacobinisme et de la Franc-Maçonnerie... Ceux-là sont aveugles, qui ne voient pas que le programme de nos adversaires étant de déchristianiser la France, nous fuyons le combat et nous livrons la patrie si nous feignons de croire que la lutte est ailleurs. »

Et nous-mêmes écrivions au mois de janvier dernier : « Nous sommes les plus anciens et les meilleurs des citoyens de France ; nous avons droit à notre place, et à notre très grande place au soleil ; pourquoi nous résigner à en jouir à l'ombre des autres ? Ce n'est, croyons-nous, le moyen de conquérir ni la confiance du peuple, ni les égards de nos alliés, ni le respect de nos adversaires. Le peuple nous voit attaquer comme catholiques, il comprendra que nous nous défendions comme catholiques ; nos adversaires nous persécutent comme catholiques, ils ne nous craindront que comme catholiques. »

Ces paroles sont plus vraies et plus actuelles que jamais, car plus que jamais nous croyons à la nécessité et à l'opportunité d'un mouvement et d'une organisation catholiques.

Que d'électeurs nomment de mauvais députés, sans se rendre compte des conséquences de leurs votes au point de vue religieux et social ! C'est à nous de leur faire comprendre ces conséquences et de leur prouver que leurs intérêts matériels et moraux sont inséparablement liés aux intérêts catholiques de la France.

Non pas que nous ayons la prétention que cette organisation puisse faire élire partout des représentants catholiques ; nous savons fort bien que la chose est impossible pour le moment, et peut-être pour longtemps encore, malgré quelques succès récents et très marqués. Mais ce que nous voulons et ce qui peut pratiquement se faire, c'est de former partout des groupements catholiques, assez homogènes, assez compacts, assez unis, pour que les candidats soient obligés de compter avec eux, même de leur faire appel, et que les députés ne puissent renier les engagements qu'ils auront pris, ni les voix qui les auront fait élire.

Qu'on ne nous objecte pas que le peuple ne se prêtera pas à ce mouvement catholique. Nous répondrons que là où on l'a essayé, il a réussi ; là où nous avons pu donner des conférences et organiser des comités, le peuple est venu en foule. Ce ne seront pas les troupes qui manqueront à l'appel, mais il faut que l'appel résonne d'un bout à l'autre du pays.

A tous ceux qui pensent, comme nous, que dans un combat où le catholicisme est l'enjeu et la France le champ de bataille, les catholiques français ne peuvent désormais s'abstenir de paraître sous leurs vraies couleurs, nous demandons de nous renvoyer signée l'adhésion ci-jointe ; et à tous ceux qui le pourraient, dans leur arrondissement, dans leur canton, dans leur commune, nous demandons de grouper, dès maintenant, des adhérents pour former, tous ensemble, le bloc irréductible des catholiques, contre le bloc des sectaires qui veulent décatholiciser la France.

Signé :

Général baron de la Rocque, ancien directeur de l'Artillerie au Ministère de la Marine, Président.

Contre-Amiral Mathieu, ancien membre du Conseil des Travaux, Vice-Président.

Colonel Vicomte de Masin, ancien chef d'Etat-Major du corps d'armée, id.

Louis Rollin, avocat à la Cour d'appel, Secrétaire général.

Cet appel, net, vibrant comme un coup de clairon, franc comme tout ce qui sort d'une plume militaire, fut-il entendu ?

Au moment où on le lançait, le ministère Combes était formé, et le président du Conseil, montant à la tribune de la Chambre, s'écriait : « Messieurs, nous sommes au lendemain d'un de ces arbitrages (du pays). Nous venons vous demander de vous conformer aux volontés que la nation a si clairement exprimées... Le suffrage universel a prononcé : il a approuvé la conduite du gouvernement ; il a envoyé au Parlement une majorité plus forte et non moins résolue à ne pas se diviser. »

Etait-ce bien vrai ? Le pays avait-il été réellement mis en demeure de se prononcer pour ou contre la politique antireligieuse, anticatholique du gouvernement? Qu'on en juge.

Maintenant que les élections sont terminées, disait la revue précitée, que les partis sont classés, que les Chambres sont réunies, nous allons jeter un regard en arrière pour juger les événements à notre point de vue catholique, et en jeter un autre en avant, pour voir ce que nous avons à faire.

Ce n'est pas sans tristesse que nous avons constaté qu'au milieu de tous les graves intérêts évoqués dans les affiches, discours et professions de foi, les intérêts catholiques, les plus élevés, les plus sacrés et les plus violés de tous, ont été, de tous, les plus passés sous silence.

Alors que la patrie, l'armée, les finances, les réformes sociales et ouvrières occupaient de longs paragraphes, les intérêts et les libertés catholiques n'obtenaient, à de très rares exceptions près, qu'une toute petite ligne, et encore, étaient-ils le plus souvent englobés, sans être spécifiés, dans le catalogue des libertés générales.

Cette plainte n'était que trop justifiée. Nous avons sous les yeux l'appel qu'un des chefs de l'opposition, M. Piou, adressait à ses électeurs de Saint-Gaudens, après sa non-réélection. Il a cent vingt lignes, ni plus ni moins. Or, pour flétrir l'atroce persécution religieuse que nous subissons, le député sortant n'a que deux mots : les consciences inquiétées. C'est exquis, n'est-ce pas ? D'ailleurs, à quoi bon, pensait-il peut-être, traiter la question religieuse ? La France n'en a cure. « La France, disait-il, n'a pas fait quatre révolutions pour se soumettre docilement à un régime d'oppression politique et d'intolérance sectaire. Ce qu'elle veut, c'est la liberté pour tous, et l'égalité devant la loi, ces deux grands principes qu'elle a écrits, depuis plus d'un siècle, dans la Déclaration des droits de l'homme. »

La nation n'avait donc pas pu exprimer clairement ses volontés, comme le prétendait M. Combes. Le suffrage universel n'avait pas prononcé, et n'avait même pas pu prononcer, puisque l'objet, le fond même du débat, ne lui avait pas été proposé.

Mais, assez du passé. Que nous réserve maintenant l'avenir ?

L'âme française ne connaît pas longtemps le découragement. A peine l'opposition eut-elle touché terre, dans la lutte électorale de 1902, qu'elle se releva aussitôt, préparant avec une énergie nouvelle, sa revanche pour 1906. « Que devons-nous faire ? » se demanda-t-on, de tous côtés. Il semblait que ce fût le moment d'entendre l'appel de l'*OEuvre électorale catholique*, et de se rallier enfin sur le terrain catholique, afin de mettre la nation en demeure de se prononcer, aux élections de 1906, pour ou contre le catholicisme.

Le Bloc, lui, venait d'accentuer son mouvement anticlérical. Ce n'est plus aux congrégations seulement qu'il en veut, c'est à l'Eglise catholique elle-même. « On a senti, rugissait la *Lanterne*, que si l'Etat laïque ne terrassait pas l'Eglise, ce serait avant peu l'Eglise qui absorberait l'Etat laïque. Connaissant les déclarations des groupes, on peut dire hardiment qu'il y a, à la Chambre, au moins 350 voix décidées à la résistance et même à l'offensive contre l'Eglise. »

« Partout, lorsqu'un combat s'engage, avait dit l'appel de l'*OEuvre électorale*, au premier coup de canon, chacun déploie son drapeau. Nos ennemis ont démasqué le leur, à nous d'arborer fièrement le nôtre. »

Il fut arboré en effet, mais pas tout à fait dans le sens qu'auraient désiré les vrais catholiques. Un homme avait dit, parlant à la réunion des Patronages : « Ce n'est pas l'heure de cacher son drapeau : les habiletés, les sous-entendus, les équivoques ne sont plus de mise. Renier sa foi, la dissimuler même est aujourd'hui une lâcheté. Nos ennemis ont déchiré tous les voiles. Ils ont l'audace du mal : ayons, nous, l'audace du bien. Arrière les conseils de ceux qui, par leurs ménagements incessants, acheminent l'opinion vers toutes les capitulations. Voici vingt ans que les hommes qui nous gouvernent : présidents, ministres, fonctionnaires, n'osent pas prononcer en public le nom de Dieu. Prononçons-le bien haut nous-mêmes ; qu'il soit le gage et l'instrument de notre rédemption. » Comme c'est beau, direz-vous, et combien digne serait cet homme d'arborer le drapeau ! Attendez, ce que vous venez d'entendre c'est le

> Je suis oiseau, voyez mes ailes

de La Fontaine, vous allez maintenant admirer le

> Je suis souris, vivent les rats,
> Jupiter confonde les chats.

« La démocratie », dit le même orateur, mais cette fois il ne s'adresse plus aux purs des Patronages mais à son auditoire panaché de Saint-Gaudens, « la démocratie, étant devenue souveraine, loin de lui barrer la route, notre devoir à tous est d'assurer son ascension paisible par le développement des lumières, le respect de la personne humaine, le culte d'un haut idéal moral. » Ici, ne vous y trompez pas, chers lecteurs, ce « haut idéal moral » c'est Dieu simplement. Seulement, on dit « Dieu » devant les bonnes âmes, et même on le prononce bien haut, mais devant les crêtes rouges de Saint-Gaudens, « haut idéal moral » fait mieux et n'effarouche personne. Quant à « l'ascension paisible », c'est un mythe, ou mieux, une figure de rhétorique. Nous venons de voir en effet que « le premier coup de canon » a retenti. Il y a donc lutte. Oui, il y a lutte, il faut bien en convenir. « Mais, poursuit notre ex-député, la lutte n'est pas, comme on vous le dit, entre la démocratie (*bis*) et la réaction. Elle est entre la république jacobine et la république libérale. La première conduirait la France à la plus dure oppression et à la guerre sociale. La seconde restaurerait le règne de la concorde et de la justice (c'est peut-être bien là le règne de Dieu !) sous l'égide de la vraie liberté. C'est la seconde que je défends. » Jacques Piou, député sortant. — Sur ce, on tire enfin le drapeau de sa gaîne, on le déploie fièrement, on le fait flotter au vent de la bataille, et, sur ses plis, les catholiques stupéfaits aperçoivent écrit : ACTION LIBÉRALE POPULAIRE. — Liberté pour tous. — Droit commun. — Egalité devant la loi. — Amélioration du sort des travailleurs, cependant que, des quatre coins de l'horizon, accourent vers son ombre, des républicains radicaux désabusés ou dédaignés, des francs-maçons en rupture de loge, des protestants, des juifs, des honnêtes gens, de tout ce que vous voudrez enfin, excepté cependant des vrais catholiques (1).

L'Action libérale populaire érige, en effet, à la hauteur d'un principe, cet aphorisme : que le catholicisme, en tant que catholicisme, et se présentant comme tel, est impuissant à triompher dans la lutte présente. Les catholiques sont invités, en conséquence, à dissimuler leurs principes et à se présenter, devant l'opinion nationale, seulement comme des citoyens qui, forts du droit commun, revendiquent leur part de commune liberté, au nom des principes de liberté, d'égalité et de fraternité, inscrits par la Révolution, dans la Déclaration des droits de l'homme. On leur apprend aussi que, pour fortifier leurs revendications, ils doivent se réclamer de toutes les bonnes volontés ; se con-

(1) Nous nous en voudrions de paraître dur ou injuste envers des hommes qui travaillent, au fond, à bien mériter de la cause catholique. Nous ne méconnaissons ni leur dévouement ni leur désintéressement. Ce sont véritablement de hautes intelligences, des cœurs nobles, ces Piou et ces Reille dont tous les efforts sont tournés vers l'expansion du parti libéral qu'ils ont fondé. Mais leur mérite ne nous porte qu'à regretter davantage de les voir prodiguer les trésors de leur incontestable talent à la propagation de maximes qui, sous une spécieuse honnêteté, ne tendent à rien moins qu'à diminuer la confiance que nous devons avoir en Celui dont la foi chrétienne nous fait les enfants. Ajoutons d'ailleurs que le vote de la loi sur la séparation de l'Eglise et de l'Etat commence à dissiper leur erreur.

fondre, se noyer, si possible, dans l'immense armée des honnêtes gens, et qu'ils finiront ainsi, tous unis sous le drapeau libéral, par faire triompher la cause de la seule liberté « en tout et pour tous ».

Pauvres catholiques ! Il semble au libéral que leur nom seul dégage une vague odeur de sacristie, un vieux ranci de prière marmottée, par une vieille femme, au coin d'un vieux pilier. Pour nous, au contraire, un catholique, c'est un être fier, indomptable, qui peut dire, comme Joad :

Je crains Dieu, cher Abner, et n'ai point d'autre crainte

tandis que le libéral, avec ses palinodies, nous donne l'illusion d'un danseur de cake-walk dont l'art consiste à ne faire deux pas en avant que pour en faire aussitôt quatre en arrière. Nous venons d'en voir un exemple.

Dans le système libéral, on vise plutôt à la quantité qu'à la qualité. Or, à notre sens catholique, mieux vaut un bataillon carré impossible à ébranler et à enfoncer, qu'une armée occupant une grande superficie, mais dont certaines parties sont exposées ou disposées à fléchir, entraînant ainsi une panique ou une débandade, et dont l'étendue même comporte forcément des faiblesses et des vides par où l'ennemi peut pénétrer.

Il est d'autres raisons qui doivent faire rejeter ce système par tout bon catholique. Les voici : La première, c'est que l'Église a condamné le libéralisme. L'anathème, il est vrai, tombe d'abord et directement sur le libéralisme *radical* qui voudrait « l'Eglise esclave dans l'Etat libre », et sur le libéralisme modéré qui se contente de « l'Eglise libre dans l'Etat libre », mais il atteint aussi le catholicisme libéral dont les partisans, bien qu'à contre-cœur, disent-ils, admettent le « droit nouveau », créé par la Révolution, et veulent en faire, pour le plus grand bien de l'Eglise, prétendent-ils encore, la base de leurs revendications. De ceux-là, Sa Sainteté Pie IX ne craignait pas de dire, dans un bref adressé au cercle de Saint-Ambroise, de Milan, à la date du 6 mars 1873 : « Les fils du siècle auraient sans doute moins de succès, si les fils de lumière qui portent le nom de catholiques ne leur tendaient une main amie. Oui, hélas ! ils ne manquent pas, ceux qui, comme pour marcher d'accord avec nos ennemis, s'efforcent d'établir une alliance entre la lumière et les ténèbres, un accord entre la justice et l'iniquité, au moyen de ces doctrines qu'on appelle catholiques libérales, lesquelles, s'appuyant sur de pernicieux principes, approuvent le pouvoir laïque, quand il envahit les choses spirituelles, et poussent les esprits au respect ou tout au moins à la tolérance des lois les plus iniques, absolument comme s'il n'était pas écrit que personne ne peut servir deux maîtres. »

La seconde raison, c'est qu'un tel accommodement est injurieux à Dieu et à son Eglise. L'Ecriture loue, et nous louons tous avec elle, le saint vieillard Eléazar d'avoir préféré la mort à une dissimulation coupable. On lui proposait, en effet, de « laisser apporter des

viandes dont il était permis de manger, afin
qu'on pût feindre qu'il avait mangé des viandes
du sacrifice, selon le commandement du roi ».
Il refusa, et fut conduit au supplice, « laissant
non seulement aux jeunes gens, mais à toute la
nation, un grand exemple de vertu et de fer-
meté, dans le souvenir de sa mort (1) ». Or, ce
qu'on nous persuade de faire, à nous catholiques, est, pour le moins, aussi détestable. On
veut qu'en nous servant de moyens, en nous
appuyant sur des principes, qu'il ne nous est
pas permis d'employer, nous feignions de ne
pas être catholiques. Peut-on nous proposer
quelque chose de plus injurieux pour Dieu et
pour son Eglise, dont nous sommes et dont
nous devons demeurer les fils aussi bien en
public qu'en secret ?

La troisième raison, c'est qu'il ne faut pas
ériger aujourd'hui, en principe, ce qu'on devra,
demain, dénoncer comme abus. « J'ai parlé,
disait Mgr Pie, du libéralisme impie qui aspire
à renverser le christianisme pour bâtir sur
ses ruines l'édifice de la liberté. O vous, qui
n'avez rien de commun avec cette impiété,
mais qui professez les doctrines d'un *catholicisme libéral irrévocablement inscrit au catalogue
des erreurs condamnées par l'Eglise*, prenez-y
garde : ce n'est pas à *côté* du fondement chrétien, c'est *sur* ce fondement même que doit
s'élever l'ordre social. Hors de là, c'est l'ébran-
lement, la caducité, la chute ; c'est le désordre,
l'anarchie, et par suite, c'est le retour inévitable à un régime que vous êtes condamnés à

____

(1) *Mach.* Liv. II, ch. VI.

ramener tout en le maudissant. Par un juste jugement de Dieu, vous n'arriveriez au timon des affaires que pour entrer dans la phase de l'expiation. Quand on part de principes faux, la pratique est immanquablement forcée de démentir la théorie et de s'appuyer sur des lois d'exception. Ennemis déclarés du césarisme, vous seriez conduits, par la force des choses, à reforger à votre usage aujourd'hui, mais bientôt au sien, des armes qui ne sont pas faites pour vos mains. Et les chrétiens indociles aux enseignements de l'Eglise, au lieu d'y gagner le bénéfice de la popularité et de la faveur des adversaires, s'entendraient dénoncer chaque matin comme des libéraux traîtres à la liberté (1). »

A ces raisons que nous venons d'apporter, personne, parmi les catholiques, n'osera contredire. On se contentera de répondre : « Que voulez-vous ? nous ne pouvons faire autrement. C'est la seule méthode, en effet, qui ait actuellement des chances de réussite. » Cela veut dire en bon français : la fin justifie les moyens.

Eh bien non ! ce n'est pas vrai. Le libéralisme, loin d'avoir le plus de chances de réussir, est au contraire le système qui en a le moins. Il est, en effet, *illogique, ridicule* et *malfaisant*, et ces trois caractères, chez une nation qui, en dépit de ses erreurs, conserve encore un sens droit, un tact exquis de ce qui convient ou ne

----

(1) *Homélie* sur le caractère de l'autorité dans le christianisme. 25 déc. 1873.

convient pas, et une horreur instinctive de
ce qui n'est pas généreux, suffisent à le rendre, à tout jamais, *impuissant*. C'est ce que
nous allons prouver dans le chapitre qui va
suivre.

CHAPITRE IV

LES CARACTÈRES DU LIBÉRALISME

1o L'illogisme.

Nous lisions dans le *Nouvelliste* de Bordeaux, n° du 1ᵉʳ septembre 1904.

Avant l'élection et après. — Un nouvel exemple de la façon dont on pipe l'électeur.

Le 24 juillet dernier, le canton de Ch... (département du C...) nommait, comme conseiller général, le docteur B..., candidat libéral anticombiste, contre M. G..., candidat radical. Dans ses remerciements aux électeurs, le nouvel élu se livrait à une critique violente de la tyrannie combiste.

Voici d'ailleurs comment le docteur B... s'exprimait dans sa profession de foi :

« Vous connaissez déjà mon programme politique : je suis un républicain libéral dans toute la vérité et la force du terme. Partisan de cette liberté tant violée aujourd'hui, je réprouve hautement les iniques lois de persécution et de proscription, et je blâme de toute mon énergie les mesures de sectarisme, d'arbitraire et de tyrannie que le ministère Combes a inaugurées dans notre malheureuse France. »

Je ne saurais vous exprimer la stupéfaction de tous ici lorsque, hier, on a appris que le conseiller général B... avait signé une adresse de félicitations à M. Combes.

Le journal ajoutait : « On signale de M... (Ardennes) le même fait concernant un autre docteur B... qui, élu comme libéral, a mis sa signature au bas d'une adresse de félicitations adressée au gouvernement. »

Nous pourrions citer d'autres cas de semblable maladie qui se sont produits plus près de nous.

Pour nous, ce que nous avouons ne point comprendre, c'est la stupéfaction des bons habitants du canton de Ch... département de C... Nous trouvons que M. le docteur B... était parfaitement logique dans son illogisme. Le libéralisme est-il, oui ou non, une apostasie, un reniement, ou plutôt l'Apostasie, le Reniement même ? Oui. Eh bien ! dans ce cas, le docteur B... n'a fait qu'achever ce qu'il avait commencé : quand on prend du galon, on n'en saurait trop prendre. Mgr Pie n'a-t-il pas dit : « Quand on part de principes faux, la pratique est immanquablement forcée de démentir la théorie ? » Et M. Combes (qu'on nous pardonne ce rapprochement !) n'avait-il point un peu raison, quand il disait, dans son discours de Laon, 10 avril. 1904 : « Ils (les nationalistes) montrent peut-être plus de décence dans la tenue que leurs devanciers (les boulangistes), mais ils ont la même indifférence, le même mépris pour les convictions, et pratiquent avec la même désinvolture le fétichisme du succès ! »

Le libéralisme se croit sérieusement le point mort où viennent s'annihiler les forces adverses du bien et du mal, le juste milieu dans lequel se fondent les intransigeances du juste et de l'injuste, le bienheureux crépuscule surtout, où s'atténuent, aux yeux fatigués de la génération présente, les teintes trop vives de l'erreur et de la vérité. Il ignore ou feint d'ignorer qu'il n'y a point deux forces d'une valeur absolument égale, deux êtres absolument semblables, et à plus forte raison deux contradictoires qui soient vraies et fausses en même temps. Dans son essence même, le libéralisme est donc tout ce qu'il y a de plus faux, de plus illogique. Bien loin d'être, comme il s'en vante, immuable et immobile, il est condamné, au contraire, de par son désir insatiable de plaire à tout le monde, de par sa manie incurable de tout concilier, à suivre tous les changements de l'opinion, à osciller perpétuellement de droite à gauche et de gauche à droite, avec la régularité d'un pendule. Selon le mot de Luther que citait, à la Chambre, M. Henri Maret, le libéralisme est « comme un paysan ivre ; il tombe d'un côté, vous le relevez, vous le mettez sur son axe, il tombe de l'autre (1). » L'Ecriture le compare à un boiteux qui cloche tantôt vers Baal et tantôt vers le Seigneur, sans pouvoir jamais se fixer, ni se décider à reconnaître pour dieu ou Baal ou le Seigneur. La seule chose d'ailleurs, que reconnaisse et adore presque le libéralisme, c'est le succès. Le vent souffle-t-il de l'Eglise : il se réclame du Décalogue ; mugit-il de la Montagne : il s'en réfère uniquement à la Déclaration des droits de l'homme.

Le libéralisme, en soi, est déjà une contra-

(1) *Officiel*, Séance du 28 mars 1904.

diction. Comment, dès lors, pourrait-il être logique, dans les principes dont il s'inspire?

Ces principes, énoncés de telle ou telle manière, selon les nécessités du moment, — car le libéralisme est avant tout et surtout opportuniste, — peuvent se ramener à un seul : liberté en tout et pour tous. Il est vrai qu'on ne dit pas toujours «en tout», ce serait imprudent; mais, il est entendu qu'on le sous-entend dans le « pour tous ». Voyons maintenant la contradiction qu'implique ce principe, et, comme les faits illustrent merveilleusement la théorie, qu'on nous permette d'apporter l'extrait suivant d'un journal, paru à la date du 3 septembre 1904 :

Protestation.

Le comité catholique pour la défense du droit, adresse à la presse la note suivante :

Le comité catholique pour la défense du droit, qui n'a cessé de revendiquer pour tous les Français, à quelque religion, à quelque opinion philosophique qu'ils appartiennent, le droit commun et les garanties que la Déclaration des droits de l'homme assure à tous les citoyens;

Qui a constaté, à maintes reprises, qu'en s'attaquant à la religion, les hommes politiques sont condamnés à fouler aux pieds les principes fondamentaux de la société française : liberté de conscience, liberté religieuse;

Renouvelle aujourd'hui ses protestations antérieures; et déclare, en outre, que toute atteinte aux lois organiques de l'Eglise et à la juridiction spirituelle du Souverain Pontife, est en même temps une atteinte à la liberté religieuse et aux droits de la conscience.

Pour le comité :

Léon Chaine, Félix Dupré la Tour, avocat à la Cour d'appel ; Féray Bugeaud d'Isly, abbé J.-M Grosjean, Le Roy Dupré, Baron de Lourmel, abbé S. Martinet, abbé Maumus, Camille Pinta, avocat ; J. Quincampoix, Henri Saint-René-Taillandier, E. Viollet, avocat à la Cour d'appel ; Paul Viollet, membre de l'Institut.

N'était la présence, au bas de cette protestation, de ces noms d'hommes éminents dont nous avons donné la liste, nous serions tenté de voir, dans ce document, l'œuvre de haute bouffonnerie de quelque pince-sans-rire. Mais il faut bien se rendre à l'évidence, et convenir que nous avons là quelque chose de sérieux. Tel qu'il est, néanmoins, ce manifeste exhale un délicieux parfum de libéralisme, dû sans doute à la présence de l'ami de l'éminent Waldeck-Rousseau, ami dont le *Radical* (n° du 14 juin 1902) se plaisait à constater « l'archi-libéralisme ». Examinons maintenant, en détail, chaque passage de cette protestation.

Premièrement, et puisque nous en sommes au chapitre des contradictions, c'est une chose peu banale et même passablement divertissante, que de voir des catholiques, formant un comité catholique de défense du droit, n'employer pour défendre la juridiction spirituelle du Pape que des arguments condamnés par le Pape :

« Si donc, dans ces conjonctures difficiles, disait S. S. Léon XIII, les catholiques nous écoutent, comme c'est leur devoir, ils sauront exac-

tement quels sont les devoirs de chacun tant en
théorie qu'en pratique. — En théorie d'abord,
il est nécessaire de s'en tenir avec une adhésion inébranlable à tout ce que les Pontifes ro-
mains ont enseigné ou enseigneront, et, toutes
les fois que les circonstances l'exigeront, d'en
faire profession publique. Particulièrement, en
ce qui touche aux libertés modernes, comme on
les appelle, chacun doit s'en tenir au jugement
du Siège Apostolique et se conformer à ses décisions. Il faut prendre garde de se laisser tromper
par la spécieuse honnêteté de ces libertés, et se
rappeler de quelles sources elles émanent et par
quel esprit elles se propagent et se soutiennent.
L'expérience a déjà fait connaître suffisamment les résultats qu'elles ont eus pour la société, et combien les fruits qu'elles ont portés
inspirent à bon droit de regrets aux hommes
honnêtes et sages (1). »

On ne peut parler plus clairement, et, pour
le bon renom d'orthodoxie des « hommes honnêtes et sages » qui composent le comité, on
doit croire qu'ils n'ont jamais eu, sous les yeux,
le passage que nous venons d'apporter.

Dans le premier paragraphe de leur protestation, les honorables membres du comité
donnent à penser qu'ils ont eu surtout en vue
de revendiquer, pour tous les Français, les
droits que leur garantit l'article 2 de la Déclaration des droits de l'homme, à savoir : la
liberté, la propriété, la sûreté et la résistance à
l'oppression. Or, les catholiques sont Français
au même titre que les protestants, les francs-ma-

____

(1) Encyc. *Immortale Dei*, 1er nov. 1885.

çons, les libres-penseurs, donc ils ont droit aux susdites garanties ; ils ont droit aussi à ne pas être inquiétés, ainsi que le porte l'article 10 de la même Déclaration, « pour leurs opinions, même religieuses » et, comme parmi celles-ci figure naturellement la « reconnaissance de la juridiction spirituelle du Souverain Pontife et des lois organiques de l'Eglise », il s'ensuit que, porter atteinte à cette juridiction et à ces lois, c'est troubler les catholiques dans leurs opinions, même religieuses. D'où la protestation, dont nous nous occupons, et qui paraît être, en l'espèce, la logique même.

Rien cependant n'est plus illogique que l'argument employé par le comité. Personne n'en est à ignorer qu'en France, c'est la Franc-Maçonnerie qui mène la lutte contre l'Eglise. C'est d'elle que partent les coups portés à la juridiction du Pape et aux lois de l'Eglise dont il est le chef, c'est elle par conséquent que vise la protestation. Or, les protestataires sont bien forcés de reconnaître à la Franc-Maçonnerie la liberté dans le droit commun, puisqu'ils viennent de revendiquer « pour tous les Français, à quelque religion, à quelque opinion philosophique qu'ils appartiennent, le droit commun » et que la Franc-Maçonnerie est, d'après l'article 1er de ses statuts, « une institution essentiellement philanthropique, philosophique et progressive » ; ce qu'ils lui reprochent seulement, c'est d'empiéter sur la liberté de l'Eglise catholique qui, d'après eux, devrait avoir, aussi bien que la Franc-Maçonnerie, sa place au grand soleil de la liberté. C'est ici malheureusement que se révèle la faiblesse de l'argumentation libérale ; car, aux reproches qui lui sont adressés, la Franc-Maçonnerie pourrait justement opposer ce langage :

« Vous me faites un crime de ne pouvoir supporter, sur le terrain du droit commun, l'Eglise catholique dont j'attaque, dites-vous, les lois et la juridiction ; mais vous ne faites pas attention que l'Eglise, qui devrait, d'après vos principes, me reconnaître son égale en droit, n'a cessé, depuis que je suis fondée, de me poursuivre, de ses anathèmes, par la voix de ses Papes, Clément XII, en 1738 ; Benoît XIV, en 1751 ; Pie VII, en 1821 ; Léon XII, en 1825 ; Pie IX, en 1865 ; et tout récemment, Léon XIII, en 1884 ; qu'elle a dénoncé, à la vindicte des lois ecclésiastiques, les membres de mon ordre ; qu'elle poursuit enfin, par tous moyens, sa suppression, ou tout au moins son affaiblissement. Or donc, si j'attaque, c'est que j'ai été attaquée ; bien mieux, en attaquant, je ne fais que prévenir le coup dont je suis moi-même menacée. »

Les libéraux, on le voit, s'ils veulent être à la fois *libéraux* et *catholiques*, sont condamnés à être perpétuellement illogiques. Prennent-ils la parole, pour défendre l'Eglise, au nom de la liberté ; derrière eux, l'Eglise élève la voix pour faire prédominer ses droits au nom de la Vérité.

Les arguments que brandissent les partisans du libéralisme sont, la plupart du temps, des armes à deux tranchants, qui blessent aussi bien ceux qui les manient que ceux qu'elles sont destinées à pourfendre. Tel ce fameux argument du « referendum » ou de la « consultation nationale ». — « Pères et mères de famille, s'écrie-t-on dans une affiche, les conseils municipaux ont été consultés avant le vote de la loi contre les congrégations. Voici leur réponse: 1075 pour le maintien des écoles ; 454, contre ; 142 n'ont pas répondu. L'immense majorité est pour la liberté ! La Chambre la supprime ! ! La volonté nationale est violée ! ! ! » Voilà le fait qu'opposent triomphalement les catholiques libéraux à la politique combiste ; mais, attendez, c'est à M. Combes maintenant d'emboucher la trompette : « Je me fonde, disait-il dans son discours d'Auxerre, 4 septembre 1904, pour déclarer que le pays a déjà jugé en faveur du gouvernement, sur les deux dernières consultations du suffrage universel... L'opposition s'attendait à une protestation générale du suffrage populaire... Or, 1554 conseillers généraux étaient soumis au renouvellement. De ce nombre, 844 étaient ministériels, 673 antiministériels, 37 douteux. Après le renouvellement, le nombre des ministériels monta de 844 à 978, celui des antiministériels baissa de 673 à 535 ; celui des douteux fut de 41. »

Qu'en conclure, sinon que c'est une insigne folie de faire dépendre le droit du suffrage de la foule ? On arrive à ce résultat ahurissant que ce qui est erreur aujourd'hui devient vérité demain, et réciproquement. Dira-t-on qu'il faut faire l'éducation du peuple, qu'il faut le former à l'usage raisonné de son droit de vote ? Mais outre que ce résultat ne serait peut-être atteint que dans cent ans, pourra-t-on faire que des hommes devenus sages soient par là-même courageux ? Voyez ce qui se passe journellement à la Chambre. S'il est une assemblée d'hommes maîtres de leur vote, c'est bien celle-là ; et pourtant, dans la même séance, sur le même objet, selon que le scrutin est public ou secret, le résultat du vote se présente différent. En admettant même qu'il soit possible de former le peuple, dans un délai relativement court, à bien exercer son droit de vote, sur quelles bases se fonderait-on pour lui dire : Ici est la vérité, là est le mensonge? Et si l'on parvenait à établir une pareille distinction, à fixer clairement les limites de ce qui est permis et de ce qui ne l'est pas, que deviendrait alors le libéralisme?

Inconséquent dans ses principes, le libéral ne peut manquer de l'être aussi dans sa conduite. « Il n'est pas permis, disait Léon XIII, d'avoir deux manières de se conduire : l'une en particulier, l'autre en public, de façon à respecter l'autorité de l'Eglise dans sa vie privée et à la rejeter dans sa vie publique. Ce serait allier ensemble le bien et le mal et mettre l'homme en lutte avec lui-même, quand, au contraire, il doit toujours être conséquent et ne s'écarter en aucun genre de vie ou d'affaires de la vertu chrétienne (1). » — Or, que dit le libéralisme? « Il ne faut pas mêler la religion à la politique. » Forts de ce principe, nos libéraux chantent au lutrin et déploient devant l'autel la bannière du Sacré-Cœur ; mais à la Chambre, ils déclarent que le Syllabus n'est point fait pour les Français. Ils votent, dans leurs comités, des adresses de fidélité au Pape ; et ils votent, avec le même entrain, au Parlement,

---

(1) Encyc. *Immortale Dei.*

les crédits qui permettront, au chef du gouvernement français, d'aller féliciter, dans la Rome des Papes, le spoliateur de la Papauté. Ils déclarent, bien haut, devant les fidèles, qu'ils ne luttent que pour Dieu et pour son Christ; et quand ils ont forcé les paysans bretons à capituler devant les envahisseurs de leurs écoles chrétiennes, aux petites filles qui défilent, en pleurant, près de leurs bonnes sœurs expulsées, c'est la *Marseillaise* qu'ils font chanter.

Doit-on s'étonner, après cela, que le peuple ignorant n'ait souvent pour les catholiques, ou plutôt pour ces faux catholiques, qu'un mépris non déguisé, mépris trop justifié, hélas! par ces perpétuelles palinodies? Le plus grand tort, la plus grande inconséquence des catholiques libéraux, c'est de vouloir, par leur libéralisme, *se faire pardonner* leur catholicisme. Le peuple, simpliste, qui n'entend rien aux situations louches, voit là-dedans la face de Judas, il crache dessus, et il n'a pas tort.

2° Le Ridicule.

« On est puni, dit le proverbe, par où l'on a péché. » Il arrive, en effet, aux libéraux ce qui est arrivé, de tout temps, aux orgueilleux, « voulant paraître sages, ils sont devenus fous, » et par là-même parfaitement ridicules.

Observons d'un peu près la mentalité du libéral. Sa fierté, son titre de gloire, c'est d'être sage, alors que tous déraisonnent ; de ne point s'emballer, en dépit des intransigeances ambiantes, cependant que ses oreilles de lièvre peureux s'inclinent, en avant, en arrière, obéissant au plus léger souffle de l'opinion, recueillant les moindres vibrations de la voix publique. Sa plus grande crainte, en effet, est de paraître n'être pas de son temps ; son plus vif désir, de s'adapter aux mœurs du jour, d'être, en un mot, dans le train. Il est, avant tout, homme d'œuvres, parce qu'il aime à figurer, et que le plus grand chagrin que vous puissiez lui causer, c'est de ne point l'employer. Il organisera donc des pèlerinages, à condition cependant qu'ils réunissent toutes les garanties désirables de moderne confort ; des quêtes de charité, pourvu qu'elles aient un personnel vraiment « sélect » ; des sermons, s'ils sont prêchés par un prédicateur en renom ; des réunions publiques, des manifestations, si elles sont présidées par un député ou un académicien en vue. Mais le vent tourne à la démocratie. Voilà aussitôt notre libéral qui va se faire démocrate, pour un peu plus, démagogue. Lui, se laisser devancer sur un terrain quelconque, allons donc, vous ne le connaissez pas. Il ouvrira boutique, s'il le faut, jusque dans les faubourgs. Comme enseigne : amélioration du sort des travailleurs ; au programme : syndicats agricoles, caisses rurales, économats populaires, coopératives, secrétariats du peuple, cercles d'études ; le mot de passe : solidarité. On ne s'y appelle plus que « camarades » ; le tutoiement y est presque de rigueur. Vienne maintenant un César, et voilà tout changé.

Abrégeons. Le libéral sera tout ce que vous

voudrez : catholique libéral, démocrate chrétien, nationaliste, progressiste, tout, excepté catholique purement et simplement. De par son baptême, de par ses convictions, de par ses relations, il n'est que cela, et il ne devrait paraître que cela ; mais c'est justement de cela qu'il a peur, qu'il a horreur, pourrait-on dire. Pourquoi ? Parce que la majorité ne lui semble pas être pour cela. Voilà toute l'explication de son silence honteux, de son air gêné, quand vous lui parlez d'être catholique seulement. C'est comme si vous parliez à un parvenu, infatué de sa fortune, d'un ami, d'un cousin pauvre, demeuré au village.

Dissimulation de sa vraie personnalité : premier ridicule qui s'attache au libéral.

Le second ridicule découle du premier, renchérit encore sur lui, pour atteindre, en certaines circonstances, au plus haut comique. Disons que le libéral a tellement peur d'être reconnu et noté comme catholique qu'il fait, pour s'échapper de son catholicisme, des efforts surhumains, tel Hercule voulant s'arracher aux plis de la tunique de Nessus. De là, dans toutes ses démarches, une incohérence, des quiproquos, des coq-à-l'âne vraiment déconcertants. Jugez-en plutôt.

Nous sommes en 1904. La persécution va battre son plein. « Après le moine, le curé. » clame la *Lanterne*, qui n'est ici que l'écho du gouvernement, car celui-ci ne cache plus son intention d'en finir avec l'Eglise. On avoue aujourd'hui cyniquement le dessein, formé depuis longtemps par la Franc-Maçonnerie, de déchristianiser, de paganiser la France. Relevant

ce défi brutal, l'Eglise, semble-t-il, devrait élever la voix et faire entendre à ses fidèles un
appel clair, décisif, prélude de la bataille immi-
nente ; mais on a compté sans notre libéral. Il
veut parler, car parler, c'est sa vie. Héroïque, il
s'avance entre les phalanges prêtes à en venir
aux mains. « Taisez-vous, dit-il à l'Eglise, vous
alliez tout perdre par votre imprudence. Laissez-moi seulement agir, je vais dompter ces
monstres. » Il prend alors une feuille, et il lit,
— ici nous n'inventons plus, nous citons. —
« Nous avons formé, est-il dit sur cette feuille,
une sorte de ministère de l'enseignement libre,
un ministère libre lui-même de toute influence
politique, religieuse, confessionnelle, une extraordinaire nouveauté.

« Dès aujourd'hui, en présence du mouvement
qui entraîne (les libéraux sont toujours pour
les mouvements qui entraînent !) le pays vers
la liberté de l'éducation, la tâche de la Ligue
est double.

« Pour tout ce monde en désarroi de maîtres
et de maîtresses congréganistes qui courent à
la frontière, elle est une direction qu'on ne
saurait trop mettre en lumière. Elle est prête
à répondre sur les conditions légales (!) de re-
prise de l'école abandonnée, la sécularisation,
la laïcisation du personnel enseignant. C'est
la partie la plus simple de son œuvre et qui
sera la plus vite achevée.

« Mais l'enseignement lui-même est à réor-
ganiser, ou plutôt à fonder. Il faut qu'il de-
vienne libre, au sens le plus large, et que
d'abord, il secoue et rejette résolûment le joug
de la plus lourde des servitudes, je veux dire

de la routine et de l'uniformité. Qu'il renonce à de puérils exercices, à d'inutiles devoirs écrits, à des méthodes surannées, à ces livres vides de substance morale ou intellectuelle. (Très flatteur, n'est-ce pas, pour les congréganistes qui avaient adopté ces livres et ces méthodes !) Qu'il ait le sentiment des nécessités locales (?), qu'il tâche de s'adapter aux conditions économiques, sociales, de la région, de la cité. Qu'il n'ait point de trop orgueilleuses visées et laisse à nos grands sophistes la formule et la chimère de « l'enseignement intégral ». Qu'il soit le plus possible professionnel ; ici, industriel, là agricole. Qu'il... »

— Qu'il soit chrétien d'abord, interrompt l'Eglise impatientée. Malheureux ! vous ne voyez donc pas que c'est là l'unique nécessaire, en ce moment surtout...

— Attendez, attendez, reprend le libéral, vous, Eglise, vous allez toujours trop vite. Nous disions donc : « industriel, agricole. Qu'il tende pour les jeunes filles aux connaissances d'ordre moyen qui les prépareront à bien diriger, un jour, une maison, une famille...

— Encore une fois, s'écrie l'Eglise, ce n'est pas de cela qu'il s'agit. Je me meurs, et avec toutes vos belles théories, je ne suis pas plus avancée, pas plus en sûreté qu'avant. Ditesmoi : que m'importe comment les jeunes filles dirigeront une maison, une famille, si elles ne sont plus chrétiennes ?

— Là ! laissez-moi achever, poursuit notre libéral... « On sait combien, pour cette œuvre de restauration, les comités locaux seront nécessaires. Fatalement, le maître et la maîtresse reviennent au programme et à la méthode de l'Etat qui sont le programme et la méthode de tout le territoire national. Un comité de pères de famille imposera la direction salutaire. »

— Ah ! pour le coup, c'en est trop ! gémit l'Eglise indignée. Vous me trahissez, misérable, en prétendant me défendre ! Ainsi j'aurai supporté, pendant plus de vingt ans, les pires outrages, les plus cruelles atteintes à mes droits les plus légitimes ; des prêtres dévoués auront sacrifié leur traitement ; des officiers loyaux auront brisé leur épée ; des magistrats intègres seront descendus de leur siège, et pour quoi ? Pour en arriver à fonder « une sorte de ministère de l'enseignement libre, un ministère libre lui-même de toute influence politique, religieuse, confessionnelle, une extraordinaire nouveauté ». C'est moi seule qui suis en cause ; et c'est à moi de m'effacer, pour ne laisser prédominer, dans vos nouvelles écoles, prétendues chrétiennes, que l'influence de l'Etat ! Je ne suis réduite à ce degré d'abaissement où vous me voyez que parce que les maîtres qui devaient me former des chrétiens éclairés, des cœurs mâles et de fiers caractères, n'ont su que préparer des bacheliers ; et ceux qui se vantent maintenant de m'apporter le salut dans les plis de leurs redingotes de sécularisés, devront surtout avoir pour mission de faire des laboureurs, des menuisiers et des maîtresqueux ! Pâles esclaves que vous êtes ! vous tremblez sous la férule des francs-maçons, et vous vous plaignez que la plus dure des servitudes, c'est celle de la routine ! Au moindre geste de vos tyrans, vous déconseillez la résistance ; vous faites filer, sans bruit, mes religieux et religieuses, comme s'ils étaient des malfaiteurs ; vous les affublez, délibérément dites-vous, d'oripeaux menteurs ; et vous vous prétendez libres ! et vous n'avez à la bouche que le mot de liberté, au sens le plus large ! Vos airs de matamores cachent mal votre lâcheté ; vous suez la peur, la peur de voir dévoilée votre opinion intime que pour cacher, dissimuler, faire pardonner, vous abritez sous l'étiquette trompeuse d'une neutralité bruyamment annoncée, d'une insolente négation de toute influence religieuse, d'un hypocrite reniement de ce que vous appelez influence confessionnelle, et qui n'est autre que mon influence, à moi, l'Eglise catholique, votre mère.

— Qu'on ne s'étonne pas de l'indignation que nous ressentons ; qu'on la partage plutôt. Il est juste d'ailleurs d'ajouter que ces criminelles folies ont suscité de légitimes et vives protestations. La dernière en date est celle-ci et elle émane d'un religieux : « Si nous continuons sur cette pente, disait-il, les maîtres religieux finiront par enseigner l'athéisme pour conserver à leurs concitoyens le bénéfice d'une école religieuse. » — Mais revenons à notre ligue, car c'est une ligue, qui a nom : Ligue de la liberté de l'enseignement. L'académicien Gebhart, qui nous renseigne sur son existence et sa nature, dans le journal des *Débats* (une feuille ultra-catholique, comme vous le voyez), a bien soin de nous en donner l'adresse : 53, rue de Babylone, Paris, VII°.

Il précise ensuite qu'il y a deux ans qu'elle a été fondée. Il a bien soin de nous faire connaître, et ceci est essentiel pour la réussite de l'œuvre, « qu'elle a l'honneur (catholiques, saluez !) d'être présidée par M. Edmond Rousse; qu'elle compte, en son comité de direction, des membres de l'Institut, des députés, des sénateurs, des jurisconsultes, des professeurs de l'Université, des publicistes, et deux dames veuves qui représentent l'un des plus grands écrivains et l'un des plus grands savants de France au XIX° siècle ».

L'Eglise catholique est sauvée, c'est clair. Il n'en saurait être autrement, quand tant d'hommes illustres s'unissent pour la tirer du mauvais pas où, pensent-ils, elle s'est maladroitement engagée, et surtout quand deux veuves, illustres par leurs maris, s'attellent à la besogne. Mon Dieu ! jusqu'où sommes-nous tombés ! Et n'est-il pas à souhaiter que la persécution arrive enfin pour disperser, comme une volée de moineaux, ces personnalités brouillonnes et babillardes, et pour laisser paraître enfin l'Eglise, seule, en face de l'échafaud, nue, désarmée ; mais belle, héroïque dans son abandon, parce qu'invisibles aux yeux de la chair, mais visibles à ceux de la foi, ses millions de martyrs lui feront un rempart et une couronne. Elle pourra alors tomber dans le sang, mais ce sera au moins plus glorieux, plus français que de sombrer dans le ridicule, que de succomber sous le poids du mépris.

3º **La malfaisance.**

S'il n'était qu'inconséquent et ridicule, le libéralisme ne serait qu'à moitié blâmable ; malheureusement, il ne se contente pas de nous faire rire de ses travers, il nous force aussi à pleurer sur les maux dont il est la source, et, en cela, il est parfaitement haïssable. « Les maux du temps présent, dit Léon XIII, dont on ne peut se dissimuler ni le nombre ni la gravité, sont nés, en grande partie, de ces libertés tant vantées, et où l'on avait cru voir renfermés des germes de salut ou de gloire. Cette espérance a été déçue par les faits. Au lieu de fruits doux et salutaires, sont venus des fruits amers et empoisonnés (1). »

Indiquons rapidement quelques-uns des effets désastreux produits par cette application des doctrines libérales.

1ᵉʳ EFFET. *L'amoindrissement et même l'extinction de la vérité.* — Les principes sont à la société ce qu'est le gouvernail au navire. Plus celle-ci a d'énergie, plus elle sent bouillonner en elle la sève de vie, plus aussi les principes lui sont nécessaires. Qu'elle vienne à les négliger ou à les rejeter entièrement, aussitôt elle ira sombrer contre l'écueil ; ou, tournant sans cesse sur elle-même, elle verra les ressorts de son énergie se détendre, et aux élans du début succédera une torpeur invincible, à laquelle

(1) Encycl. *Libertas præstantissimum.*

nous avons donné le nom de « veulerie ». L'expérience n'a que trop démontré la vérité de ce que nous avançons. Les immortels principes de 89, qui n'étaient que le renversement, la contre-partie des vrais principes sur lesquels s'était fondée la nation française, n'ont imprimé à la société une énorme poussée que pour la faire s'éteindre, quatre ans plus tard, sur les marches de l'échafaud. Et, lorsque, épouvantée, la société a fui brusquement l'abîme où elle allait s'engloutir, ça été pour refaire sa route d'une manière incertaine, pour revenir à chaque instant sur ses pas, sans jamais se fixer, sans jamais affirmer sa marche en avant d'une manière décisive, sans pouvoir imprimer à son siècle un cachet spécial, indice de principes universellement admis et de fortes traditions. « Le XIXᵉ siècle, disait tout récemment M. Aynard, qui a produit de grandes et fortes individualités artistiques, n'a pu cependant, faute d'un sentiment commun ou d'une foi commune, se donner un style et dégager sa personnalité..... La prodigieuse domination des sciences agrandies mise à part, en art comme ailleurs, le XIXᵉ siècle a été celui de la critique et de la vérité historique. Tout comprendre ou tout admettre en art a été l'une des consolations de ce temps inquiet et complexe, où nos sentiments, heurtés en tous sens, ne savent plus où se fixer (1). » De ce manque de fixité dans les idées et les sentiments, on peut à juste titre incriminer la Ré-

(1) Discours à la séance des cinq Académies, 24 oct. 1904, sur les transformations de l'amateur d'art.

volution, dont l'esprit d'impiété et de révolte s'est insinué dans les âmes ; mais on ne saurait nier que le libéralisme n'y ait été lui aussi pour beaucoup. Prenez les prétendus principes dont il s'inspire : tous, par trop d'affirmation, se réduisent à une négation : *Qui nimis probat, nihil probat*. De là, dans la haute société d'abord, puis dans les masses elles-mêmes, une sorte de scepticisme poli à l'égard de toutes choses, parce qu'on admet qu'en chacune d'elles peut être renfermé un grain de vérité, mais qu'aucune n'est fondée à réclamer, pour elle seule, la Vérité. De là, comme le disait excellemment M. Aynard, dans ce même discours aux Académies, « des sentiments violents et successifs, qu'il ne faut éprouver que tant qu'ils demeurent à la mode ». Etant, en effet, admis qu'on peut goûter à tout, sans s'attacher à rien ; la mode, l'opinion : voilà ce qui devient l'unique critérium, tant en religion qu'en politique, tant en morale qu'en philosophie. Ce qui est au goût du jour est admis, pour un instant, à l'honneur d'être la vérité, alors que tout le reste, par le fait même qu'il est le passé, devient poncif, vieux jeu, mensonge ou tout au moins inutilité. Le libéralisme a donc, comme on le voit, obscurci la notion de la vérité, en sorte qu'on ne sait plus ce qu'il faut faire. C'est ici que sa malfaisance apparaît manifeste. Que penserait-on de celui qui fausserait l'étalon, sur lequel doivent se régler les poids et les mesures de tout un Etat ? Quelle punition ne mériterait pas celui qui, par un moyen quelconque, jetterait le désordre dans les instruments de précision, à bord d'un navire, et conduirait ainsi, par des évaluations forcément erronées, tout l'équipage au naufrage ! Or, ce qui est criminel dans ces cas particuliers, ne le serait donc pas dans d'autres beaucoup plus importants ! On punirait de la prison celui qui trouble les rapports commerciaux, et on n'aurait que de l'indulgence pour celui qui, en détruisant les règles, les mesures du juste et de l'injuste, jette la nation entière dans l'anarchie et la confusion ! On condamnerait à mort celui qui a fait dérailler un train ou sombrer un navire, et on laisserait aller en paix celui qui a conduit la société aux abîmes ! Quelle extraordinaire contradiction ! Faut-il que le libéralisme ait obscurci les intelligences, pour qu'il n'y ait personne à s'en apercevoir ! Qu'on nous permette donc de le dire : En présence de cette malfaisance manifeste du libéralisme, ceux qui persistent, malgré tout, à le soutenir, ne peuvent être que des inconscients ou des criminels. Il n'y a pas de milieu.

2ᵉ Effet. *La corruption de la morale.* — Le libéralisme, en consacrant comme droit sacré, imprescriptible, naturel, la liberté de penser, de parler et d'écrire, proclame par là même le droit, pour chacun, de faire dépendre la distinction du bien et du mal, de sa seule raison. « Or, dit Léon XII, faire dépendre du jugement de la seule et unique raison humaine le bien et le mal, c'est supprimer la différence propre entre le bien et le mal : le honteux et l'honnête ne diffèrent plus en réalité, mais seulement dans l'opinion et le jugement de chacun : ce qui plaît sera permis. Dès que l'on admet une semblable doctrine morale, qui ne suffit pas à réprimer ou apaiser les mouvements désordonnés de l'âme, on ouvre l'accès à toutes les corruptions de la vie (1). » Les libéraux, il est vrai, en se proclamant partisans de toutes les libertés, se défendent d'autoriser toutes les licences. Mais, qu'appellent-ils licence ? Simplement, l'excès de la liberté. Quand une liberté dépasse un certain degré, et qu'elle vient à nuire à autrui, alors, disent-ils, ce n'est plus de la liberté, c'est de la licence. « Nous ne voulons pas embêter les autres, mais nous ne voulons pas non plus qu'on nous embête. » Voilà, disent-ils encore, la formule qui résume admirablement notre conception de la liberté. Soit, mais alors, ce qui convient, ou ce qui ne convient pas, dépend uniquement du degré et devient une simple affaire d'appréciation. Permis à tout individu d'être une franche canaille, pourvu que, dans l'exercice de ce droit incontestable, il ne franchisse pas certaines limites. Et encore, ces limites ne sont-elles pas bien connues. Ce qui eût été un épouvantail pour nos pères, est devenu, pour nous, un innocent plaisir. Mais vous exagérez, dira-t-on. Pardon, nous n'exagérons rien. Vous voulez établir la distinction entre la licence et la liberté, d'après les conséquences, les effets ; mais, effrayés aussitôt des énormités qu'il vous faudra admettre, vous parlez de revenir aux principes. Or, ces principes, où les prendrez-vous ? Dans l'Eglise catholique ? dans la

____

(1) Encycl. *Libertas præstantissimum.*

morale chrétienne ? Mais, cela, vous ne le pou-
vez faire. Théoriquement, en effet, vous placez
cette Eglise et sa morale sur le même pied que
les autres religions, que les autres opinions
philosophiques. N'avez-vous pas pris soin de
spécifier : « Nous n'avons cessé de revendiquer,
pour tous les Français, à quelque religion, à
quelque opinion philosophique qu'ils appartiennent, le droit commun » ? Comment, dès
lors, pourriez-vous, pratiquement, prendre
pour base de la morale, les principes du Christianisme, à l'exclusion de tous autres, et en
faire par là même la base de l'ordre social, ap-
plicable à ceux qui ne pensent pas comme
vous ? « Que ces principes soient, si vous le
voulez, les bases de votre morale, à vous catholiques, diront les libres-penseurs, mais, de
grâce, n'en faites pas celles de notre morale.
Tel acte est, pour vous, mauvais, impur ; pour
nous, nous le trouvons, selon la nature, et,
conséquemment, excellent. Qu'avez-vous donc
à nous le reprocher ? Chacun chez soi, dans
son dogme, dans sa morale, et la liberté pour
tous. »

Le résultat le plus net de la doctrine libérale est d'enlever au peuple l'horreur du mal.
Tout devient une affaire de convenance, encore
cette convenance se règle-t-elle sur l'opinion
courante, et cette opinion courante se forme-
t-elle sur des actes, sur des faits, sur des
abus, même sur des licences, qui, à force
d'être répétés avec audace, ont obtenu force
de coutume et de la force de coutume, force
de loi. La déduction est absolument juste. En
veut-on un exemple. Quelqu'un se découvre

indécemment dans la rue : c'est mal, on le traîne au poste ; un autre expose, dans une vitrine, un tableau fait pour attiser les mauvaises passions, un livre qui corrompra la jeunesse : c'est bien, on le laisse faire : les convenances ne sont pas ouvertement violées. Qui dira maintenant si, dans vingt ans d'ici, le premier acte ne sera pas, toujours d'après les convenances, aussi licite que le second ? Il y a trente et quelques années, chez un peuple qui fait aujourd'hui l'étonnement de l'Europe par ses succès militaires, de tels outrages publics à la pudeur étaient presque de bon ton ; maintenant, ils sont sévèrement réprimés. Vous le voyez bien, quand il n'y a pas de principes, tout, en morale, tient au temps, aux lieux, aux habitudes admises.

Or, le bel équilibre que rêvent de maintenir les libéraux, entre toutes les opinions, est malheureusement une vraie chimère. Il arrive donc qu'après avoir aboli l'horreur du mal, le libéralisme ne peut empêcher la honte du bien de s'établir à sa place. Admis à jouir des mêmes droits que le bien, le mal le prend de haut avec son voisin ; il se saisit du sceptre que celui-ci a laissé tomber ; il entend user de la juridiction, exercer les droits qu'il a abandonnés. Il appelle, comme dit le prophète, « mal ce qui est bien, et bien ce qui est mal ; il change les ténèbres en lumière, et la lumière en ténèbres ; l'amertume en douceur et la douceur en amertume (1) ». En voulez-vous une

____

(1) Isaïe, v, 20. — *Officiel*, p. 1298, Séance du 10 avril 1905.

preuve ? « Il ne s'agit plus d'obtenir la tolérance, ni même de conquérir la liberté de conscience. La Libre-Pensée n'en est plus là ; elle a sensiblement dépassé cette étape. Aujourd'hui, il s'agit de délivrer définitivement l'humanité du dogme et de l'esprit religieux. » Qui parle ainsi ? le professeur Sergi, dans un discours tenu au congrès de la Libre-Pensée, à Rome, en septembre de l'année dernière. Ecoutons maintenant M. Allard, son discours est d'hier : « Je ne vous cache pas que mon contre-projet tend à déchristianiser le pays. C'est une opinion, j'ai le droit de l'exposer. Je crois, messieurs, que le christianisme est un obstacle permanent au développement social de la République, et à tout progrès vers la civilisation. » Et ces messieurs ne se contentent pas de la théorie, ils passent, sans sourciller, à la pratique. Pour le pauvre Bien ainsi traité, par sa faute d'ailleurs, se réalise ce vieux dicton de nos pères : Qui de son serf fait son seigneur, ne peut vivre sans déshonneur. Cela devient une honte d'être vertueux, d'être religieux, d'accomplir ses devoirs de chrétien, de vivre selon ses croyances. Car, remarquons-le, et ceci est important : pour tout homme de bon sens, c'est la vérité qui est la règle, et l'erreur l'exception. Or, que font nos naturalistes, nos modernes païens. N'osant affronter la lutte avec leurs adversaires, ils n'ont rien trouvé de mieux pour échapper à leurs coups, que de regarder comme prouvé justement ce qu'il resterait à prouver. Ils disent donc : l'erreur est la règle et la vérité l'exception « Notre science à nous, dit M. Allard, ne détient aucune vérité... Pendant que vous affirmez détenir la vérité, nous, nous voulons dire aux hommes, et surtout aux enfants : « Personne ne détient la vérité. » C'est très commode, comme vous le voyez ! Vous voulez discuter avec un libre-penseur, et lui prouver qu'il est dans l'erreur. Il vous toise dédaigneusement, et vous répond : « A quoi bon discuter ? Vous n'avez rien qui vous serve de principe, de base, à une discussion, puisqu'il n'y a pas de vérité. » Et voilà les solennels farceurs qui n'ont à la bouche que le mot de « science », et qui se vantent d'être seuls à la posséder. Mais nos libres-penseurs ne se cantonnent pas dans le domaine philosophique ; de là, ils portent leur tactique dans le domaine moral. Après avoir dit « le Christianisme est un outrage à la raison », ils ajoutent : « le Christianisme est un outrage à la nature (1) ». Cela veut dire : le vice est la règle, et la vertu l'exception. Ce n'est pas plus difficile que cela. Le mal, comme nous le disions, a pris la place du bien, et il n'entend même pas qu'on conteste la légitimité de sa nouvelle souveraineté. Et, ne dites pas que ce n'est là que de la « fantaisie », comme le faisait remarquer, dans cette même séance (2), M. l'abbé Gayraud. C'est si bien de la réalité qu'on peut voir, tous les jours, des populations entières prendre fait et cause pour le vice contre la vertu, pour les malfaiteurs contre les innocents. « Les idées gouvernent et commandent les actes », avait dit Mgr Pie. Ces « fantaisies », comme les appel-

(1) *Officiel*. Discours Allard.
(2) *Officiel*, p. 1304.

lent les libéraux, sont des « fantaisies dange-
reuses » et qu'on n'aurait jamais dû supporter ;
pas plus qu'un homme d'esprit et un homme
de cœur n'aurait dû entendre les inepties de
M. Allard sans les relever ; ni ses blasphèmes,
sans les flétrir. De ces « fantaisies » lorsqu'on
les tolère, le peuple fait ses « idées », d'abord ;
et il s'en inspire ensuite pour gouverner et
commander ses actes.

Le libéralisme est bien mal payé, il faut
l'avouer, des avances qu'il a faites aux adversaires de sa religion. Loyal en cela, nous voulons le croire, il revendiquait, pour tous, une
part égale de liberté ; et ceux à qui il a ouvert,
par ses efforts, les portes de l'ergastule où
ils gémissaient, loin de lui en être reconnais-
sants, s'appliquent au contraire à l'y renfermer,
et à faire peser sur lui le poids des chaînes
dont il les a délivrés. Nous devons dire cependant que les catholiques libéraux n'en sont
nullement outrés, pas même décontenancés.
Plus le Mal les insulte maintenant dans leurs
croyances, plus il les persécute dans leur culte,
plus il ferme leurs écoles et plus il s'apprête à
fermer leurs églises, plus fort aussi, ils crient,
sans se lasser : Vive la liberté ! Quelle magna-
nimité ! C'est la seule d'ailleurs que sache montrer le libéralisme, aussi serions-nous bien injuste de ne pas lui en payer, ici, un juste
tribut d'admiration.

Malheureusement, cette persévérance du
Bien à réclamer, pour les autres, sous l'influence libérale, ce qu'il n'obtient pas pour
lui-même, lui donne, aux yeux de la foule, toujours prête à se mettre du côté du manche,

une apparence de tort. Ceux-là donc qui veulent suivre le Bien, doivent en demander au Mal la permission, comme s'il s'agissait d'une chose illicite. Et à quelle condition ? A cette effroyable condition que le tentateur posait au divin Rédempteur : *Si cadens adoraveris me* : Descendez, tombez, prosternez-vous dans la poussière, et dites, ou faites semblant de dire, s'il vous répugne encore de le dire trop haut, que je suis le Maître. Reconnaissez-le par votre frayeur en ma présence ; par les bassesses dont vous usez pour vous concilier mes bonnes grâces ; par les capitulations auxquelles vous consentez pour avoir le droit de passer pour libres ; car vous, libéraux, vous aimez surtout à passer pour forts, pour dignes, pour libres. A toutes vos humiliations, vous trouvez toujours des justifications : « Que toute âme soit soumise aux puissances supérieures, car il n'y a point de puissance qui ne soit de Dieu ; et toutes les puissances de la terre sont ordonnées de Dieu. Celui donc qui résiste aux puissances, résiste à l'ordre de Dieu ; et ceux qui résistent attirent sur eux la condamnation », dites-vous avec saint Paul.

Cette misérable condition, faite au Bien, imposée à ses partisans, s'ils n'ont pas assez d'indépendance de caractère pour en prendre le dessus, ce que nous pourrions appeler le reniement de saint Pierre, perpétué à travers les siècles, avec quelques variantes naturellement selon les temps, les personnes et les lieux. « Il faisait froid », dit l'Ecriture. Remarquez-le : il n'y a pas de libéraux, quand l'Eglise est au pouvoir, ce n'est que quand les ombres se sont épaissies autour d'elle, et que les cœurs sont glacés à son égard, qu'ils apparaissent. « Et il se chauffait », poursuit le Livre-Saint parlant de l'apôtre. Le libéral se sent gêné dans ce froid, cette solitude de son Eglise ; il s'approche, il se mêle à la foule de ceux qui s'éclairent aux lueurs douteuses de la science et du progrès, qui se réchauffent au foyer de la liberté, celle qui permet tout. Il oublie, pour un instant, qu'il y a là, tout près de lui, Celui qui est la lumière illuminant tout homme venant en ce monde ; Celui qui est venu apporter le feu sur la terre et qui n'a qu'un désir : de le voir enflammer l'univers. Il l'oublie, parce qu'en face de Jésus humilié pour un temps, se tient Caïphe insolent : le Mal en face du Bien, le triangle en face de la croix. C'est la Franc-Maçonnerie qui a rassemblé ce tribunal, réuni ces soldats, cette tourbe, fait allumer ce feu ; et puisque vous jouissez de son feu, que vous vous joignez à ses gens, il est bien juste que vous ayez pour elle quelque égard, que vous restiez au moins silencieux. Mais le silence pour le libéral, c'est la mort. Il parle, parce qu'il faut qu'il parle. Aux premiers sons qu'il émet, on le reconnaît ; on sent qu'il n'est pas de la maison, qu'il ne fait pas partie de la clique. Il ne prononce pas bien le schibboleth révolutionnaire. « Ton langage te trahit », dit insolemment la servante à l'apôtre. « Vous êtes des cléricaux », crie la foule, le populaire, aux personnalités libérales. Celles-ci s'enflamment ; elles commencent à jurer, comme Pierre, qu'elles n'ont rien de commun avec les intransigeants du parti catholique. « Cléricaux !

à bas la calotte ! » hurle la foule. Elles perdent alors la tête ; elles jurent avec anathème que personne ne les devancera jamais sur le terrain de la liberté ; elles émettent des propositions si inattendues, si monstrueuses, que, le lendemain, on peut lire dans un journal socialiste : « A la réunion contradictoire de..... M. Untel (lisez quelquefois : M. l'abbé Untel) nous a accordé beaucoup plus que nous ne lui demandions. » Pauvre conférencier ! Puisse-t-il le matin, monté à l'autel, ou agenouillé à la table sainte, reconnaître, au passage de Jésus, son erreur de la veille et pleurer sur son égarement !

Nous nous sommes arrêté longtemps sur ce point spécial : la honte du bien. Pourquoi ? Nous le demanderons franchement à nos lecteurs : d'où viennent tant de défections chez les catholiques ; et ce manque d'énergie qu'on y remarque ; cette incertitude dans les conseils, cette division dans l'action ? du respect humain. Et le respect humain ? qu'est-ce autre chose que la honte du bien.

3° EFFET. *La ruine de l'unité dans l'action.* — « Les doctrines libérales, a dit L. Veuillot, nous ont désagrégés. Avant leur invasion, trop favorisée, hélas ! par un mouvement de mauvaise humeur politique, si peu que nous fussions, nous étions pourtant quelque chose ; nous formions un bloc. Réduisons ce bloc autant qu'on voudra : ce n'était si l'on veut qu'un caillou : ce caillou du moins avait sa consistance et son poids. Le libéralisme l'a délité et mis en poussière. S'il tient plus de place,

j'en doute ; l'éparpillement n'est pas l'étendue.
Dans tous les cas, cent et mille boisseaux de
poussière ne fourniront jamais de quoi charger
une fronde. N'aspirons aujourd'hui qu'à un résultat, ne travaillons qu'à l'obtenir : jetons-
nous dans l'obéissance ; elle nous rendra la
cohésion de la pierre, et sur cette pierre,
hanc petram, la vérité posera son pied vain-
queur (1). »

Si nous avions suivi le conseil du vaillant
polémiste, nous n'aurions pas aujourd'hui le
bloc des sectaires en face de l'éparpillement
catholique. Mais voilà : la lutte nous a usés ;
l'accomplissement des promesses de Dieu ne
nous paraissait plus aussi certain, et notre *foi*
a défailli, en même temps que tremblaient nos
genoux et que s'alanguissaient nos mains.
L'ennemi a vu que, si nous avions encore, au
milieu de nous, l'arche de la Vérité, nous
n'avions plus confiance en ses oracles. Il a
donc fondu sur nous, nous a dépouillés de nos
armes, et s'en fait, à l'heure actuelle, un tro-
phée. Ce bloc que cimente la haine contre
l'Eglise, c'est celui qu'édifiait, jadis, au camp
catholique, l'amour de Dieu et du prochain ;
ces œuvres de solidarité, de mutualité, ne sont
qu'une pâle imitation de nos œuvres de miséricorde spirituelle et corporelle ; ces institutions
post-scolaires, ces patronages laïques, semblent
la contrefaçon de cette maternelle sollicitude,
dont l'Eglise accompagne ses enfants, du ber-
ceau à la tombe ; ces fêtes solsticiales enfin,
ces fêtes de l'adolescence, du travail, sont une

(1) L. Veuillot. *L'illusion libérale.*

parodie de nos solennités saintes qu'on a ou
désertées ou négligées. Avec le fol espoir d'être
dans le mouvement, d'être de notre temps, de
nous accommoder aux exigences de la société
moderne, nous avons stupidement lâché la
proie pour l'ombre ; échangé une armure à
l'épreuve pour un tissu de clinquant. Nous
avons perdu en solidité, en profondeur, en
cohésion, ce que nous pensions gagner en
nombre et en éclat. Qu'on examine l'organisation de la Franc-Maçonnerie. C'est une copie
maladroite, il est vrai, le diable n'étant jamais
que le singe de Dieu, mais une copie de ce
qu'est l'Eglise catholique et des méthodes
qu'elle emploie, avec, en moins, la dignité des
moyens et la justice du droit. Etait-ce donc la
peine de réclamer, soit hautement, soit en
sourdine, la séparation de l'Eglise et de l'Etat ;
de vouloir « l'Eglise libre dans l'Etat libre »
pour arriver à ce que la Franc-Maçonnerie,
prenant la place de l'Eglise, prétende s'identi-
fier avec la République, et qu'elle se glorifie
même, dans un manifeste récent, que, sans elle,
la République n'existerait pas ? Vous riez, vous,
libéraux, quand on vous cite ces paroles de
Pie IX : « Il est certain qu'il est de l'intérêt des
princes, toutes les fois qu'il s'agit des affaires
de Dieu, de suivre avec soin l'ordre qu'il a pres-
crit, et de subordonner, non de préférer la volonté royale à celle des prêtres du Christ (1) » ;
et vous ne voyez pas que vous donnez dans le
panneau de la Franc-Maçonnerie, qui ne vous
encourage tant à vous débarrasser des directions

(1) Encycl. *Quanta Cura.*

de l'Eglise, que parce qu'elle espère vous soumettre bientôt aux siennes. « Tout ce qui émancipe l'homme du pouvoir de Dieu, disait en effet L. Veuillot, le précipite sous les pouvoirs de ce monde. » Et, dans un discours tout récent : « Ce n'est pas ma faute, disait M. Lerolle, si la Chambre, ayant consenti à n'être plus qu'une Chambre d'enregistrement des décisions des loges, il nous faut toujours rechercher le secret de nos lois dans les volontés de la Franc-Maçonnerie (1). »

Nous le déclarons franchement : tant que les catholiques s'en tiendront aux principes du libéralisme, ils ne feront pas avancer leur cause d'un seul pas. Grâce à une certaine gêne qu'éprouve la Maçonnerie à culbuter les dernières barrières, le libéralisme peut maintenir quelque temps encore une apparence de résistance à l'oppression ; mais, quand le sentiment public étant jugé suffisamment préparé, la force brutale viendra à se faire jour, il verra s'évanouir ses troupes auxquelles il n'aura jamais pu donner ni la vérité pour les unir ni la foi pour les entraîner à la victoire.

4° L'impuissance.

« Deux puissances vivent et sont en lutte dans le monde moderne : la Révélation et la Révolution. Ces deux puissances se nient réciproquement, voilà le fond des choses.

La lutte a donné naissance à trois partis :

(1) *Officiel*, p. 1344, Séance du 12 avril 1905.

1° Le parti de la Révélation, ou parti du Christianisme. Le parti Catholique en est la tête, si élevée au-dessus des ignorances et des bassesses contemporaines, qu'elle semble n'avoir pas de corps ; mais cependant le corps, souvent presque invisible, existe, et il est même le plus réellement puissant qui soit sur la terre, parce que, indépendamment du nombre, il est le seul qui possède véritablement cette force incomparable et surhumaine qu'on appelle la Foi.

2° Le parti Révolutionnaire, dont les écoles dites libérales ne sont que les masques indécis et la parole changeante et hypocrite.

3° Le Tiers-Parti qui prétend tenir des deux autres, et qui se croit de force à les concilier. Le Tiers-Parti se nomme l'Eclectisme et il est la Confusion, c'est-à-dire l'Impuissance. »

Sous le drapeau de ce Tiers-Parti dont parlait L. Veuillot, s'est abrité le Libéralisme catholique que nous venons de présenter au lecteur comme illogique, ridicule et malfaisant. Qu'il soit par là même impuissant, c'est la conclusion naturelle qui s'impose à tout esprit sensé. « Les chrétiens, poursuit le même polémiste, qui ont leur conception dogmatique et leur pratique historique de la liberté, ne veulent pas de ses systèmes compliqués et louches à tant d'égards ; les révolutionnaires, les libéraux et les éclectiques, qui prétendent avoir leur christianisme, le renvoient à son Eglise, dont il n'a pas secoué le joug. Ils lui rappellent que son Eglise ne l'avoue pas, que même elle l'avertit de prendre garde. Ils lui signifient que son Eglise n'est pas la leur ; dans leur Eglise à eux, les chrétiens ne peuvent entrer que par la porte de l'apostasie. »

Tout cela est la logique même, et cependant, telle est la force du respect humain, telle est la crainte de se dire chrétiens, de se proclamer catholiques, que bon nombre d'esprits hésitent à suivre la vérité, et préfèrent s'attarder dans cette conception bâtarde du libéralisme qui leur donne l'illusion de l'action, alors qu'ils ne font que s'agiter dans la confusion, dans l'impuissance. Aussi accueillent-ils avec une sorte de fierté, en même temps que de reconnaissance, l'aveu de M. Combes : que l'ennemi le plus redoutable des sectaires, comme l'organisation derrière laquelle l'opposition nationale et libérale se groupe, c'est l'Action libérale. Soit ! M. Combes craignait ou feignait de craindre les libéraux. Mais, cette satisfaction une fois accordée à leur amour-propre : « Qu'avez-vous à opposer, leur demanderons-nous, au néo-paganisme, dont les principes destructeurs s'affirment, de jour en jour davantage, à mesure que s'oblitèrent, dans les consciences, les principes sauveurs du Christianisme ? »

A cette question, le libéralisme n'a rien à répondre, parce qu'il ne peut rien répondre. Le principe de « la liberté pour tous », mis en tête de son programme, ne termine pas le différend entre les forces adverses de la Révélation et de la Révolution ; il le perpétue, au contraire ; bien plus, il l'accentue, au profit du mal dont il consacre le droit, et à qui il donne ainsi de nouvelles forces et une nouvelle audace. En désespoir de cause, le libéralisme recourra à des panacées dont l'inutilité manifeste ne fait que confirmer son impuissance. En voici un exemple.

Le 11 janvier 1903, la *Semaine religieuse* d'un grand diocèse du Sud-Ouest, accueillait pieusement, dans ses colonnes, l'article suivant d'un éminent académicien, M. Emile Faguet. C'est intitulé : « De la nécessité de croire sans demander le Pourquoi. »

Où donc chercher, se demande M. Faguet, la conciliation rêvée par les meilleurs esprits ? Par où donc chercher à sauver la liberté à travers la démocratie ? Comment, pour se servir des paroles graves et passionnées de Tocqueville, « indiquer aux hommes ce qu'il faut pour échapper à la tyrannie et à l'abâtardissement, en demeurant démocratique, occupation sainte, pour laquelle il ne faut épargner ni son argent, ni son temps, ni sa vie ? »

Je ne vois qu'une solution provisoire en attendant les hiérarchies de l'avenir, solution, du reste, si belle qu'elle pourrait être définitive et dispenser de toutes les autres.

Il faudrait que les Droits de l'homme fussent une véritable religion. Il faudrait les respecter d'une façon vraiment mystique, c'est-à-dire obstinément et sans trop savoir pourquoi. Car si la démocratie se demande le pourquoi des Droits de l'homme, tout de suite elle les efface.

Les Droits de l'homme devraient être une religion. Notez qu'ils en sont une : cela a été mis admirablement en lumière par Hippolyte Taine dans ses *Origines de la France contemporaine*. « Honneur et conscience, nous dit-il, ce sont les deux idées nouvelles, inconnues, ou à peu près, de l'antiquité, qui ont formé l'âme moderne, du moins qui lui ont donné son caractère distinctif ; c'est ce que l'homme moderne honore et vénère en lui et ne permet à personne, pas même à l'Etat, de violenter ; c'est en pensant à cela qu'il dit : *Noli me tangere.*

L'empire de la loi, l'empire de l'Etat finit où celui de la conscience commence ; c'est un mot de Napoléon, qu'on ne s'attendait pas à trouver si libertaire, mais ce n'en est pas moins juste. Or, c'est sur cette religion de la conscience et de l'honneur que sont fondés les Droits de l'homme... »

Voilà le fondement mystique, c'est-à-dire la raison indémontrable des Droits de l'homme. Voilà la religion de la liberté. Il faut l'enseigner aux enfants, aux jeunes gens et aux hommes. Et la leur bien enseigner, c'est-à-dire leur indiquer que ce respect de soi, c'est surtout dans les autres qu'il faut le vénérer et le chérir. Mon droit senti en moi et respecté dans un autre, c'est la brève formule du culte de la liberté...

Bornons-nous à cette citation. Sans nous arrêter à démontrer tout ce qu'a d'extraordinaire la prétention de refuser au passé chrétien les idées de conscience et d'honneur, pour en attribuer la paternité aux hommes de la Révolution, chez qui les Bayard ne sont pourtant point nombreux, nous ne voulons que faire remarquer l'extrême indigence du libéralisme ; puisque, en face des attentats les plus monstrueux contre la vérité, la justice et la vertu, il ne voit de salut que dans « la religion des Droits de l'homme qu'on doit vénérer sans savoir pourquoi : car si on s'en demande le pourquoi, on les efface ». Pauvre religion qu'un soupçon même d'enquête fait tomber en poussière !

Et voilà la solution provisoire, qui pourrait être définitive, de ce terrible problème du Bien et du Mal, sur lequel se divise l'humanité ! Et c'est cette religion de la liberté enseignée aux enfants, aux jeunes gens et aux hommes, qui leur servira à se faire une opinion, bien mieux, une conviction, et qui leur montrera où est le droit !

C'est déjà joli. La conclusion tirée de cet article, par la *Semaine religieuse*, l'est encore davantage.

« On ne saurait plaider, dit-elle, d'une façon plus péremptoire (oh ! combien !), la cause de la Liberté et de la Patrie, aujourd'hui cyniquement foulées aux pieds.

« Au point où nous en sommes, la solution que propose M. Faguet paraît être, en effet, humainement parlant, la seule qu'on puisse tenter de faire prévaloir pour « échapper à la tyrannie, à l'abâtardissement et pis encore en demeurant démocratiques ».

Voyons, maintenant, ce dont il s'agit.

« Au point où nous en sommes », dites-vous. Quel est ce point ? C'est celui où les vérités ne peuvent être plus méconnues, les droits plus foulés aux pieds, les mœurs plus corrompues, les caractères plus avilis, la race plus dégénérée, c'est ce que vous appelez « la tyrannie, l'abâtardissement et pis encore. »

Or, à cette déchéance universelle, quel remède proposez-vous d'apporter ? Le seul remède, humainement parlant, c'est, d'après vous, la religion de la liberté, comme l'appelle M. Faguet.

Dans ce cas, la cause est entendue : nous savons tout ce que, humainement parlant, le libéralisme est capable de nous donner, et ce tout, c'est un pur néant.

Le droit de faire ce qui ne nuit pas à autrui, s'il s'appelle, en langue libérale, la Liberté, la Religion de la Liberté, revient à dire, en bon

français : « Soyez tout ce que vous voudrez ;
faites tout ce qu'il vous plaira ; pourvu que vous
nous laissiez la paix. »

Nous doutons que cette formule soit jamais
appelée à renouveler la face du monde. Que le
libéral s'en console en pensant qu'il est resté
au moins démocratique, « occupation sainte pour
laquelle il faut savoir donner son argent, son
temps, sa vie » et son âme par-dessus le marché,
il arrivera toujours bien un moment où, sur
les ruines créées par sa sottise, il devra mélancoliquement soupirer avec la *Semaine religieuse* :
« Etait-il bien utile à la démocratie de déchristianiser la France d'aujourd'hui et de demain,
d'effacer de son esprit, d'arracher de son cœur,
ces grandes vérités chrétiennes qui étaient le
« fondement mystique » de l'ordre social ?

« Que voulez-vous, lui répondrons-nous, la
démocratie a jugé que ces grandes vérités
étaient contraires à la religion de la *liberté* que
vous lui avez enseignée ! »

OBJECTIONS

La cause est entendue : le libéralisme n'est pas
un remède aux maux présents. Il n'est donc
bon à rien, et le plus court et le meilleur est, au
moins, de le laisser de côté comme inutile, si
on ne se sent pas le courage de le proscrire
comme nuisible.

Il nous reste à résoudre quelques objections.
Sur la dernière et la plus importante, nous
nous arrêterons un peu plus longuement.

1° Votre intransigeance ne risque-t-elle pas

de décourager beaucoup d'honnêtes gens qui, sans partager nos convictions religieuses, nous apportent, cependant, dans la lutte contre le Bloc, un appoint que nous ne saurions dédaigner?

Dieu a bien voulu se charger lui-même de répondre à cette objection. Nous lisons, dans l'Ecriture, au livre des Juges, que Gédéon, ayant rassemblé contre les Madianites une armée considérable, le Seigneur lui dit: « Tu as avec toi un grand peuple. Madian ne sera point livré entre ses mains, de peur qu'Israël ne se glorifie contre moi et ne dise : J'ai été délivré par mes propres forces. » Sur la proposition de Gédéon, vingt-deux mille hommes (des timides, ceux-là !) se retirèrent. Il en resta dix mille. « Le peuple est encore trop nombreux », dit le Seigneur. Mène-les près de l'eau, et là je les éprouverai ; et celui dont je te dirai : qu'il aille avec toi, te suivra, et celui que j'arrêterai, retournera. » Il n'en resta que trois cents, après épreuve. « Et le Seigneur dit à Gédéon : C'est par ces trois cents hommes qui ont pris l'eau avec la main, sans courber les genoux, que je vous délivrerai et que je ferai tomber Madian entre vos mains ; éloigne donc le reste du peuple. » — Tant qu'il ne s'agira que de tenir des congrès, des meetings, d'y crier : vive la liberté, d'y faire acclamer des ordres du jour, et de les clôturer par un banquet, le libéralisme aura, sous son drapeau, autant de troupes qu'il voudra, mais ces troupes ne serviront à rien. Il arrivera bien cependant qu'on ne banquetera pas toujours ; et il viendra un moment où l'on n'aura que juste le temps, entre deux chauds engagements, de prendre de l'eau avec la main, pour la porter à sa bouche. Ce jour-là, les « hommes simplement honnêtes », les respectueux de toutes les convictions, les partisans de toutes les libertés ne seront plus là. Ils auront filé depuis longtemps. Nous ne les aurons pas découragés, ils se seront découragés eux-mêmes.

2° Ne craignez-vous point, en reniant le libéralisme, de fournir des armes à nos adversaires qui nous traitent d'intolérants ?

Nous ne leur en fournissons pas, car nous sommes, nous, catholiques et non libéraux. Or, les adversaires du Catholicisme en connaissent depuis longtemps les principes, et savent que les vrais catholiques ne sauraient les renier. Croyez-vous donc que l'erreur, ayant une fois posé son pied sur la gorge de la vérité, le retirerait, quand bien même celle-ci, pour la désarmer, se dirait sa sœur ? Littré disait : « Les radicaux ne veulent pas qu'on soit catholique ; ils en sont encore au cri de haine et de guerre du XVIII° siècle : Ecrasons l'Infâme ! Je ne sais pas jusqu'à quel point ils porteraient la persécution ; car ils entendent bien se servir de l'autorité civile pour soutenir leur propagande antireligieuse. » Et M. Léon Bourgeois confirmait cette assertion de Littré, par ces paroles : « Depuis que la pensée française s'est libérée, depuis que l'esprit de la réforme, de la philosophie et de la Révolution, est entré dans les institutions de la France, le cléricalisme est toujours l'ennemi » (cité par M. Jacques Piou, à la séance de la Chambre, du 17 janvier 1901). Or, parce que ces gens-là se sont introduits, comme des malfaiteurs, dans la maison, devons-nous, nous, les maîtres légitimes, abandonner nos droits, sous prétexte de ne pas paraître intolérants ? Vraiment, ce serait le monde renversé et le comble du ridicule. C'est à eux de nous écraser, s'ils le peuvent ; et non, à nous, de nous détruire. Et, comme le disait L. Veuillot : « Il est de l'intérêt de l'Adversaire, non de l'intérêt de l'Eglise et de la société chrétienne, d'ôter la croix à la couronne et d'ôter la couronne à la croix. »

3° « Mais alors, vous supprimez la liberté, et ce faisant, vous vous faites l'égal des sectaires qui nous gouvernent, et que nous ne pouvons combattre efficacement qu'en réclamant la liberté la plus large pour tous ?

Cette dernière objection, nous l'avons déjà dit, mérite qu'on s'y arrête quelque temps.

Le 21 janvier 1901, M. Waldeck-Rousseau, président du Conseil, ministre de l'Intérieur et des Cultes, parlant, à la Chambre, dans la discussion générale de la loi sur les associations, disait : « On objecte la liberté. Comme s'il pouvait y avoir une liberté contre l'ordre public ! » Huit jours après, M. l'abbé Gayraud, reprenant cette parole, disait : « Au Moyen Age, l'ordre public, c'était l'ordre social chrétien, et Torquemada disait ce que vous dites aujourd'hui, monsieur Waldeck-Rousseau : contre l'ordre public, il n'y a pas de liberté.

« C'est le principe du régime de la Terreur, du comité de Salut public, du tribunal révolutionnaire ; c'est l'excuse de toutes les tyrannies !

« ... Eh bien ! je l'approuve, votre maxime.

« Elle est juste, elle est d'un homme d'Etat. Oui, monsieur le président du conseil, vous avez raison : contre l'ordre public, il n'y a pas de liberté ; mais c'est contre l'ordre public fondé sur la justice... »

Tout est là en effet. Que les libéraux le veuillent ou non, tout gouvernement, quel qu'il soit, dira toujours, en raison de cet axiome : « la raison du plus fort est toujours la meilleure », que l'ordre public, c'est celui qu'il représente ; et que, contre cet ordre, il n'y a point de liberté. On peut ainsi, comme le faisait observer l'orateur, justifier toutes les tyrannies. Ce qu'il importe donc, ce n'est point de crier : liberté ! liberté ! puisque cette liberté ne sera jamais donnée par celui qui gouverne, qu'il soit libéral ou radical, attendu qu'à tout gouvernement, il y a toujours une opposition ; mais plutôt de rechercher quel est celui qui, seul, peut se réclamer légitimement de la justice, de la bonté de son droit. *Ex fructibus eorum cognoscetis eos.* Vous les reconnaîtrez à leurs fruits, dit l'Ecriture. Le gouvernement qui se montrera juste, humain, soucieux des droits de la vérité et de la morale, celui-là sera seul à même de revendiquer le privilège de s'opposer, avec raison, aux entreprises de quiconque voudrait s'attaquer aux principes sur lesquels il repose. En un mot, la liberté doit exister pour le bien et non pour le mal.

Cette doctrine est la seule vraie, la seule qu'un catholique puisse et doive soutenir.

Qu'on le remarque en effet. Le bien est infiniment moins exigeant dans ses droits que le mal. Celui-ci, en effet, n'ayant qu'une apparence de droit, se montre d'autant plus féroce à le faire respecter qu'il le sent mal fondé. C'est comme qui dirait d'un domestique devenu maître, qui s'efforcerait, par sa morgue, de remplacer ce que la naissance ne lui a point donné. Le bien au contraire est un roi débonnaire, un roi soliveau trop souvent, dont les grenouilles populaires font irrespectueusement l'ascension. Dans les séances de la Chambre, auxquelles nous faisions allusion quelques lignes plus haut, les orateurs du Bloc se plaisaient à évoquer « l'horrible histoire de cette inquisition dominicaine qui a couvert de bûchers le midi de la France », se gardant bien de dire que les hérétiques qui y montèrent, « partout où ils avaient été les maîtres, avaient détruit et brûlé les croix, les images et les reliques des saints, maltraité le clergé » et parfois égorgé ceux qui venaient leur apporter la parole de vérité et de paix. Or, en regard de ces exemples pénibles mais nécessaires, contre des perturbateurs de l'ordre public (c'est le cas de le dire !), il faudrait mettre les condescendances, les débonnairetés dont l'Eglise catholique et l'Etat chrétien, son allié, étaient coutumiers, envers les petits et les humbles ; tellement que la maison de Dieu devenait la maison du peuple, et que les rapports du prince et de ses sujets atteignaient un degré de familiarité que ne rappellera jamais la morgue hautaine de nos gouvernants.

Or donc, loin de mendier une *liberté honteuse*, sachons au contraire travailler à reconquérir une *autorité bienfaisante* ; car le salut en sortira, et la vraie liberté, la vraie égalité, la vraie fraternité luiront enfin sur le monde. On rétablira l'ordre, c'est-à-dire qu'on aura une place pour chacun et chacun à sa place : les malfaiteurs au bagne, et les honnêtes gens aux honneurs, ce qui ne se voit guère, hélas ! actuellement. « Lorsque le temps sera venu, dit L. Veuillot, lorsque l'épreuve sera faite et qu'il faudra reconstruire l'édifice social suivant les règles éternelles, que ce soit demain, que ce soit dans des siècles, les catholiques arrangeront les choses comme pour eux. Sans s'inquiéter de ceux qui voudraient demeurer dans la mort, ils établiront des lois de vie. Ils mettront Jésus-Christ à sa place, en haut, et on ne l'insultera plus. Ils élèveront les enfants pour connaître Dieu et honorer leurs pères. Ils maintiendront l'indissolubilité du mariage, et si les dissidents s'en trouvent mal, leurs fils s'en trouveront bien. Ils imposeront l'observation religieuse du dimanche pour le compte et pour le bien de la société tout entière, quitte à laisser les libres-penseurs et les juifs célébrer pour leur propre compte le lundi ou le samedi. Ceux que cette loi pourrait gêner seront gênés. Le respect ne sera plus refusé au Créateur et le repos à la créature dans l'unique but de contenter quelques maniaques, dont la frénésie fait si sottement et si insolemment pécher tout un peuple. Leurs maisons en seront d'ailleurs, comme les nôtres, plus solides et leurs champs plus féconds.

En un mot, la société catholique sera catholique, et les dissidents qu'elle tolérera connaîtront sa charité, mais ne morcelleront pas son unité (1) ».

(1) L. Veuillot, *L'Illusion libérale.*

DEUXIÈME PARTIE

Le remède.

***

CHAPITRE PREMIER

LES MANDATAIRES DU BIEN. — CE QU'ILS DOIVENT ÊTRE

§ I. — *Déterminés.*

Avant même que d'indiquer le remède au mal que nous venons de faire connaître, il est nécessaire que nous nous assurions le concours d'hommes dévoués au Bien, qui en seront les mandataires, les tenants, les soldats, si vous voulez mieux, contre les mandataires et propagateurs du Mal. Cette nécessité est mise admirablement en lumière par ce passage de l'Evangile : « Quel est le roi qui, se disposant à aller combattre un autre roi, ne s'assied auparavant pour examiner s'il peut, avec dix mille hommes, marcher à la rencontre d'un ennemi qui vient à lui avec vingt mille ? » Saint Luc, XIV, 31).

Telle est, à peu près, notre situation à nous catholiques. Les sectaires, se présentant comme la majorité, s'avancent contre nous, avec l'intention bien arrêtée de nous mettre à mal ; et pour nous opposer à leur tentative, nous ne sommes qu'une poignée, une minorité en un mot. Aussi importe-t-il que cette minorité compense par la qualité ce qui lui manque en quantité. Il faut que la troupe catholique ait une telle supériorité morale sur l'armée franc-maçonne, que celle-ci, se sachant vaincue d'avance, sente la crainte l'envahir, et voie le désordre se mettre dans ses rangs. Or, si les catholiques veulent réellement devenir invincibles, leur première préoccupation doit être de bien prendre position, de se déterminer franchement dans le vrai sens, afin de n'éprouver par la suite aucune incertitude, de ne montrer aucune hésitation.

Comment se fait-il qu'en France, les francs-maçons, au nombre de trente mille environ contre trente millions et plus de catholiques, arrivent, au Parlement, à former, sur leur programme, une majorité ; tandis que les catholiques s'y voient perpétuellement en minorité ? Nous aurons l'explication de ce phénomène, si nous examinons la manière d'agir de l'un et de l'autre parti.

Chez les sectaires, on sait ce qu'on veut. Ce qu'on veut, c'est l'anéantissement du Catholicisme, en France, et l'établissement, sur ses ruines, d'un nouveau système, déjà suffisamment connu de nos lecteurs, le Naturalisme. C'est là ce qui constitue aux yeux de nos adversaires le « triomphe de la Libre-Pensée. »

Le combat qu'ils mènent, dans ce dessein, contre nos institutions chrétiennes, est pour eux « le bon combat ». Ils en parlent sans cesse ; ils en font la base de leur Bloc, la condition de leur union, le lien de leur discipline. Tous les excès qu'il entraîne leur semblent justifiés par l'excellence de leur doctrine. Ne les appelons pas des libres-penseurs ; ils s'imaginent être encore mieux que cela. Ils se disent des « libérateurs ». Pour nous, ce sont simplement des sectaires. L'acharnement de leur propagande ; la préparation, la méthode, l'entraînement qu'ils apportent dans la lutte ; tout fait pressentir la main d'une secte, d'une contre-Eglise, de la Franc-Maçonnerie en un mot.

Surprise en train de perpétrer une de ses plus ignobles besognes, la Franc-Maçonnerie, dans sa célèbre circulaire à propos des fiches, n'a pas osé nier l'action qu'elle exerce. « Sans la Franc-Maçonnerie, il y a longtemps que la République n'existerait plus, que la pensée libre aurait été définitivement étouffée par la Congrégation triomphante, et que Pie X régnerait en maître sur la France asservie. » Aussi s'indigne-t-elle véhémentement qu'on « vienne jeter l'accusation de déloyauté sur une des œuvres les plus loyales, les plus légitimes, les plus républicaines qu'ait accomplies le G∴ O∴ de France ».

Partant de ce principe, l'invasion de tous les emplois, la jouissance de toutes les sinécures ne sont qu'une récompense des plus légitimes de la fidélité qu'on aura montrée à la doctrine maçonnique. N'est-ce pas hier qu'un journal socialiste révolutionnaire du Doubs,

annonçant la nomination d'un camarade à
« un poste important du Nord », l'accompagnait
de ce commentaire : « Voilà donc M... le mi-
litant socialiste qui devient fonctionnaire. C'est
un signe des temps. C'est un précédent créé.
C'est une brèche grande ouverte sur la vieille
forteresse des privilèges et sinécures cléricales
et bourgeoises. Pour avoir des droits aux fonctions et emplois de l'Etat, il devrait suffire
d'avoir donné des preuves de républicanisme,
au lieu d'être contraint à se recommander de
diplômes ou de services militaires. »

Les Israélites, entrant dans la Terre promise,
regardaient comme un don du ciel à son
peuple choisi, l'extermination de leurs ennemis, l'envahissement de leurs territoires. Nos
francs-maçons apparaissant, pauvres pour la
plupart, dans cette terre de lait et de miel
qu'est la France, s'y sont adjugé les places, les
honneurs, les prébendes, non comme un vulgaire butin dû au cambriolage, mais comme une
juste rétribution pour le bienfait immense de
la libération qu'ils apportaient, dans leurs ta-
bliers maçonniques, à un peuple d'esclaves et
d'enténébrés. Et le pauvre peuple, grisé par
l'âpre parfum de révolte qu'exhalait une doctrine qu'il ne comprenait même pas, a eu la
sottise d'échanger ses beaux écus sonnants et
trébuchants contre des rêveries creuses et des
mots vides mais sonores.

Avouons franchement que nos adversaires
ont de l'audace, disons mieux, du toupet. Toute
leur doctrine sue le sophisme ; mais, à cette
masse hideuse et tourmentée, à ce bloc énorme
de toutes les hérésies et de tous les blasphèmes,

ils ont su donner un certain air de grandeur
qui nous fait ressouvenir de ce passage du Pa-
radis perdu : « Satan alarmé, rassemblant toute
sa force, s'élève dilaté, inébranlable comme le
Ténériffe ou l'Atlas. Sa tête atteint le ciel, et
sur son casque, l'horreur siège comme un pa-
nache. »

Ainsi donc, à la base, une doctrine fausse
mais habilement et hardiment présentée ;
comme conséquence, un combat violemment
engagé contre tout ce qui constitue un obstacle
à la propagation de cette doctrine, dont l'établissement doit faire le bonheur du peuple ;
comme conclusion, la possession des richesses
du pays réservée à ceux-là seuls qui auront
contribué au triomphe de la Libre-Pensée :
voilà tout le plan de nos adversaires et tout
ce qui fait leur force.

En face d'un programme aussi nettement
accusé, la tactique catholique ne devrait-elle
pas être : d'établir d'une manière victorieuse la
fausseté du Naturalisme, d'une part, et, de
l'autre, la vérité du Catholicisme ; de dessiner
par là même une offensive vigoureuse contre
l'ennemi ; de proclamer hautement, pour les
seuls catholiques, du fait même de la supériorité de leur doctrine, le droit à une influence
prédominante dans la direction du pays ? En
résumé, les revendications catholiques ne de-
vraient-elles pas être le contre-pied exact des
revendications maçonniques ?

Or, pour quiconque veut examiner les faits,
il est loin d'en être ainsi. En ce qui regarde le
dernier point, il est banal de faire remarquer
avec quelle désinvolture nous nous lâchons

dans le parti catholique ; avec quelle facilité nous abandonnons aux libéraux protestants, voire même israélites, le fruit de nos moindres victoires. Le *sic vos non vobis* ne s'est jamais mieux appliqué qu'aux catholiques. En fait de combat, nous n'avons maintenant que les harangues enflammées de nos discoureurs en vue dont tous les efforts ne tendent qu'à battre les buissons, bien loin du hallier où ils savent qu'est réfugiée la bête. Reste l'affirmation de la doctrine. Sur ce point, nous sommes édifiés. Il n'est pas inutile néanmoins d'y revenir, et comme la Chambre française est censée contenir, en son sein, l'élite intellectuelle de la nation, prenons chez elle quelques exemples à l'appui de ce que nous avançons.

Nous avons déjà rapporté les paroles de M. Léon Bourgeois : « Nous voulons substituer à l'esprit de l'Eglise l'esprit de la Réforme, l'esprit de la Révolution et l'esprit de la Raison. » Ce défi brutal ne fut relevé par personne. On feignit de ne voir dans cette explosion de haine antireligieuse que l'expression d'un simple dissentiment entre « la république jacobine et la république libérale ».

C'est à cette méconnaissance voulue de la vraie question qu'il faut attribuer et le vide des discours de l'opposition et la mollesse de la résistance à l'arbitraire gouvernemental. A des gens qui partent de principes faux on s'est contenté de dire : « Gardez vos principes, si cela vous plaît, mais laissez-nous les nôtres. » La guerre, continuait-elle, implacable : « Malheureux, disait-on, vos entreprises contre la liberté religieuse vont coûter au pays trente, quarante millions ! » Qu'est-ce que cela, répondaient les sectaires, quand il s'agit de la « libération de l'esprit humain » ; et ces grands mots, partis de la tribune française, sans avoir été convaincus de fausseté, s'en allaient retentir aux quatre coins du pays, comme le cri du cœur d'un grand parti qu'on croit invincible, parce qu'il est invaincu.

Cependant, nos sectaires, honteux, semble-t-il, d'une victoire trop facile, s'efforcent de susciter chez leurs adversaires un peu plus d'énergie, et les rappellent au sentiment de leur condition, au respect de leurs principes. C'est M. Waldeck-Rousseau citant, le 21 janvier 1901, un passage d'un discours de M. de Mun, du 22 mai 1875, et qui conclut par ces paroles : « Quand on parle avec cette franchise, avec cette éloquence, quand on invoque ces maximes, on est logique, on n'est que logique... Dans cette doctrine, tout se tient, ce n'est même pas la doctrine de Léon XIII, c'est celle de Grégoire VII et d'Innocent III. Si l'on veut aller jusque-là, vous avez raison ; plus d'autorisations pour les congrégations religieuses, elles ne relèveront plus que du domaine et de l'autorité de l'Eglise. Mais si l'on ne veut pas faire ce saut dans le passé, si l'on préfère la révolution à la contre-révolution, il faut rester fidèle à ses maximes et à ses principes. *Il faut savoir choisir.* » C'est M. Trouillot, toujours rageur, qui répond, le 28 janvier 1901, à M. l'abbé Gayraud. « Après avoir si longtemps combattu, condamné et excommunié le libéralisme, voici que vous ne vous bornez pas aujourd'hui à lui réclamer le droit d'asile ; vous allez jusqu'à vous présenter par une surprenante métamorphose, comme étant le libéralisme lui-même. » C'est M. Jaurès enfin, le fort ténor de la bande, qui vient lui-même donner de sa personne, le 3 mars 1904. Le morceau est à reproduire en entier. « Il paraît, messieurs de la droite, disait-il, que vous êtes les théoriciens, les doctrinaires et les politiques de la liberté. Il est cependant un document qui contient *votre doctrine à vous,* un document autorisé, quoi qu'en disent plusieurs de vos casuistes. Oh ! j'entends bien. Le parti clérical est très habile, il sait combien il lui est incommode à l'heure où il se réclame de la liberté qu'on reproduise devant lui les propositions solennelles par lesquelles la plus haute autorité catholique signifiait au monde que la liberté civile est une hérésie, que la liberté des cultes est un principe pernicieux et que l'Eglise doit garder le droit de mettre la main sur la force temporelle pour ramener dans la droite croyance les esprits égarés. Oui, il vous est incommode qu'on rappelle devant le pays le document qui s'appelle l'Encyclique et qui s'appelle le Syllabus. »

A cette invite formelle, que va répondre le parti catholique par la bouche de ses représentants au Parlement ? Ecoutons :

M. Gayraud : C'est un argument qu'il faudrait laisser à d'autres, monsieur Jaurès.

M. Lucien Millevoye : Vous seriez bien aimable de nous lire ce document. Nous ne l'avons jamais lu.

Plusieurs membres à droite : Vous le connaissez mieux que nous, nous ne l'avons jamais lu. »

Alors M. Jaurès de poursuivre, impitoyable : « Voilà des hommes siégeant à droite et dont la plupart déclarent qu'ils sont à la fois catholiques et amis des lumières, et qui me répondent tranquillement qu'ils ne connaissaient même pas, qu'ils n'ont jamais lu un document, émané de la plus haute autorité catholique, dont l'apparition constitue en tout cas un fait historique considérable. » (Rires et applaudissements à l'extrême gauche et à gauche.)

C'était dur, mais bien mérité. Après s'être attaché ainsi à mettre en relief la déchéance des catholiques, le tribun socialiste semble prendre plaisir à leur rappeler ce qu'ils auraient dû faire :

M. Jaurès : Il y aurait une sorte de grandeur à affirmer en effet, sans déguisement et sans réticence, que vous tenez la vérité absolue, que **vous** l'avez en dépôt et que vous ne voulez permettre à personne de gaspiller ce trésor et ce patrimoine ; qu'aussitôt que vous serez les maîtres du pouvoir temporel, vous ferez passer dans les faits, par la force, la vérité nécessaire détenue par vous. »

Piqués au vif, cette fois, par ce rappel ironique à ce qui devrait être leurs convictions, nos libéraux vont y faire une réponse qui nous donnera la juste mesure de leur catholicisme. Nous citons :

A droite : Nous n'avons jamais dit cela !

M. Ribot : C'est impossible.

M. Daudé : Il n'y a pas que des curés, ici ! Il n'y a que des hommes politiques. »

C'est cela, et nous nous en doutions bien un

peu depuis longtemps. Les catholiques qui sont en somme la majorité en France ; les catholiques dont les intérêts sont les plus importants et en même temps les plus menacés ; les catholiques n'ont pour les représenter, à la Chambre, (où toutes les discussions, depuis des années, roulent uniquement sur des questions religieuses et catholiques) que des hommes pour qui la question catholique est une question des plus subalternes, une question bonne tout au plus pour des curés mais indigne de l'attention d'un homme politique.

Et c'est à de pareils fantoches que nous, catholiques, nous continuerions à remettre bénévolement la défense de nos droits foulés aux pieds, de nos libertés supprimées, de nos personnes et de nos biens mis en péril. A chaque morceau de chair vive qu'on nous arrachera, ils se contenteront d'ouvrir la bouche et de laisser tomber un discours qu'ils termineront sur un retentissant : Vive la liberté ! pareils à ces pingouins manchots qui, dans le crépuscule polaire, annoncent par leur attitude étrange et leurs braiments sinistres quelque chose de belliqueux et d'effrayant, mais qui, hélas ! incapables de voler aussi bien que de marcher, ne peuvent pas même éviter le bâton qui les assomme.

Non, cette comédie a trop duré ! Il est temps que quiconque se dit catholique soit aussi, et par cela même, un homme déterminé. Et nous appelons « déterminé » celui qui est convaincu de la bonté de sa cause et qui se sent apte à faire partager cette conviction à ses semblables ; celui qui n'hésite pas, pour le triomphe de cette cause, à livrer un rude combat, dût-il craindre d'y perdre la vie ; celui qui n'a d'yeux, d'attentions, de sympathies que pour ceux qui sont ouvertement avec lui, et qui comme lui mettent au-dessus de tout : Dieu d'abord.

§ II. — *Unis*.

L'union ! on en parle sans cesse, maintenant ; on en proclame l'absolue nécessité ; on en déplore l'absence : les catholiques, dit-on, ne sont pas unis.

C'est que, pour s'unir, il est nécessaire d'abord, quelque paradoxal que cela paraisse, de se séparer.

Démontrons donc la nécessité de la *séparation*, et nous aurons à moitié convaincu nos lecteurs de celle de l'*union*.

Saint Paul, écrivant aux fidèles de l'Eglise de Corinthe, leur adresse cet avis, digne de toutes nos méditations : « N'ayez, leur dit-il, aucun commerce avec les fornicateurs. Ce que je n'entends point des fornicateurs de ce monde, non plus que des avares, ou des ravisseurs du bien d'autrui, ou des idolâtres : autrement il vous faudrait sortir de ce monde. Mais voici ce que je vous ai écrit au sujet de ce commerce : Si l'un de ceux qu'on nomme frères est fornicateur, ou avare, ou idolâtre, ou médisant, ou ivrogne, ou ravisseur du bien

7

d'autrui, ne mangez pas même avec un tel homme. En effet, qu'ai-je à faire de juger ceux qui sont dehors ? Mais ceux qui sont dedans, ne vous appartient-il pas de les juger ? Dieu donc jugera ceux qui sont dehors. Mais vous, retranchez le méchant du milieu de vous. » — Epître aux Corinth., VI, ỳ. 9 à 13.

Mgr Gaume, appliquant maintenant ces paroles de l'Apôtre aux temps présents, nous donne, dans ses notes sur le Nouveau Testament, les réflexions suivantes : « Aujourd'hui, remarque-t-il, il faudrait sortir du monde si l'on devait éviter tout commerce avec ces gens-là (les mauvais chrétiens) devenus plus nombreux que ne l'étaient les païens à Corinthe. Du moins devrait-on se rapprocher autant que possible d'une règle si sage. Et cependant quel épouvantable pêle-mêle ! Ceux que signale l'Apôtre et leurs semblables n'inspirent plus de répugnance : on les fréquente sans nécessité, on traite familièrement avec eux, on les met, dans les habitudes de la vie, à peu près au niveau des vrais chrétiens. Ce laisser-aller n'est-il point un signe que l'on n'éprouve plus guère de répulsion pour les choses que représentent ces personnes ? N'est-il pas à craindre que perpétuellement en contact avec ce mauvais levain, toute la masse ne se corrompe de plus en plus ? N'est-ce point là une grave tentation pour les faibles, qu'un tel spectacle accoutume à penser que la différence entre le bien et le mal, entre Jésus-Christ et Bélial, entre la lumière et les ténèbres, n'est pas aussi grande que la foi l'enseigne ? N'est-ce pas aussi donner à l'erreur et au vice une sorte d'encouragement, ou du moins les aider à s'aveugler davantage et à se croire irréprochables ? »

Quelle vérité dans ces paroles d'un clairvoyant et d'un sage ! Ces conséquences désastreuses du libéralisme, entrevues, dès 1860, par l'éminent prélat, ne nous apparaissent-elles pas complètement réalisées ? Sous l'influence du néo-paganisme, où se trouve maintenant la ligne de démarcation entre les vrais chrétiens et ceux qui ne le sont plus que de nom ? L'antique discipline de l'Eglise a vu elle-même s'adoucir ses rigueurs. Les plaintives mélopées de l'office des morts s'élèvent maintenant avec la même ampleur, disons mieux, la même solennité, autour du cercueil de la courtisane de haute volée comme de celui de l'homme de bien. Mais n'insistons pas.

Si les catholiques ne savent point s'unir, s'ils savent encore moins agir, c'est qu'ils sont malheureusement enlizés dans cette masse gluante des mauvais chrétiens, dont ils finissent par adopter, presque à leur insu, les funestes maximes. Aussi, même chez ceux qu'on pourrait appeler de bons catholiques, trouve-t-on des divergences déplorables. L'un tire à hue, l'autre à dia, comment l'attelage pourrait-il avancer ? Autant d'opinions que de têtes, autant de professions de foi que de sentiments ; car ce n'est plus, hélas ! la foi religieuse qui commande, c'est l'opinion seule qui est reine ; et nous ne pouvons plus que répéter mélancoliquement, comme Mgr Gaume : « Quel épouvantable pêle-mêle ! »

A ceux qui veulent sortir de ce gâchis, nous avons conseillé, dans le précédent chapitre, de

se mettre, une fois pour toutes, bien en face de
la situation telle qu'elle est, et de faire hardiment leur choix entre le bien et le mal. Tout
ce que nous avons dit du libéralisme et de ses
conséquences n'a tendu qu'à leur faire faire ce
que M. Waldeck-Rousseau appelait pittores-
quement « le saut dans le passé », et que nous
appellerons, nous, le *retour aux vraies traditions catholiques*. Mais, si déterminés qu'ils
soient en faveur des saines et fortes vérités,
nos nouveaux convertis ne pourront jamais arriver à l'action, s'ils ne se séparent de ceux
dont ils ne partagent plus les sentiments, pour
se rapprocher de ceux vers qui doit les attirer
maintenant l'expression d'une même croyance.
Mais qui sont ceux-là? Comment, à quels
signes, reconnaître le catholique intégral de
celui qui ne l'est qu'à demi ?

Il est dit, au livre des Juges, que les gens de
Galaad ayant eu querelle avec les Ephraïmites
et les ayant vaincus, s'assuraient de la natio-
nalité de leurs prisonniers en les forçant à répéter un mot que les malheureux Ephraïmites
prononçaient fort mal, disant Sibboleth au lieu
de Schibboleth. Les vrais catholiques n'ont
certes pas l'intention d'appliquer à leurs frères
dissidents le traitement que firent subir aux
fils d'Ephraïm leurs voisins de Galaad ; mais,
ils ont bien le droit, au moins, avant de les admettre dans leur société, de voir s'ils pronon-
cent bien le Schibboleth catholique, et ce
Schibboleth, c'est pour nous le *Syllabus*.

Pourquoi le Syllabus plutôt que le Credo ?
Parce qu'il y a une foule de mauvais chrétiens,
de faux frères qui ne feraient aucune difficulté

de réciter le Credo, et qui s'arrêteront scandalisés
à l'énoncé d'une seule proposition du Syllabus ;
parce que le Syllabus renferme toutes les revendications de la foi catholique dans une souveraine intensité et que l'adopter, c'est témoi-
gner, le plus hautement possible, de son
loyalisme envers l'Eglise. Il n'est point en effet
de document qui ait le don d'exciter, à un plus
haut point, la rage folle des sectaires, que cette
admirable Déclaration des Droits de Dieu et de
son Eglise. Nous sommes, clament-ils, les fils
de la Révolution, et vous, vous êtes les hommes
du Syllabus. — Parfaitement, répondrons-nous,
et ne croyez point que nous allons rougir de
cette appellation. Il n'y a à détourner la tête,
lorsqu'on prononce ce mot, que les libéraux,
les neutres, les mâtinés qui n'ont point de race.
Pour discerner en effet le fidèle de l'infidèle,
le catholique intégral du catholique à demi,
la pierre de touche, c'est le Syllabus.

« Qu'on ne dise pas, disait-on dernièrement
dans un article remarquable paru dans un journal du Sud-Ouest, que nous sommes démunis
d'armes pour nous défendre : avec l'intelligence toute divine que l'Eglise a toujours eue
d'approprier son enseignement à chaque
époque, suivant les besoins de celle-ci, ces
armes, il y a quarante ans que Pie IX les a forgées ; et dussé-je effaroucher les oreilles de nos
bons libéraux, je les nommerai par leur nom :
ces armes ne sont autres que les quatre-vingts
propositions du Syllabus. Le Syllabus si justement appelé « la boussole du chrétien » et
« la charte des nations », le Syllabus est l'arme
par excellence, parce qu'il précise avec une

clarté saisissante toutes les erreurs par lesquelles on a faussé l'éducation intellectuelle des quatre dernières générations. »

Au moment donc où le monde catholique s'agite dans un tel tohu-bohu d'erreurs qu'il n'a d'égal dans l'histoire ecclésiastique que la fameuse division créée au sein de l'Eglise par les erreurs de l'Arianisme, il est nécessaire que nous ayons constamment devant les yeux cette recommandation de Léon XIII, dans son Encyclique : *Immortale Dei.* « Pie IX, nous dit-il, chaque fois que l'occasion s'en présenta, a condamné les fausses opinions les plus en vogue, et ensuite il en fit faire un recueil, afin que, dans un tel déluge d'erreurs, les catholiques eussent une *direction sûre.* »

Il est de toute évidence que c'est pour avoir dédaigneusement rejeté cette direction sûre que les catholiques sont maintenant perdus, noyés, dans ce déluge d'erreurs au-dessus duquel apparaissent seules quelques rares et vaillantes âmes, demeurées fidèles à l'enseignement de Rome : *apparent rari nantes in gurgite vasto.*

La conclusion qui s'impose, c'est celle-ci : Voulons-nous enfin émerger, prendre pied, nous ressaisir et nous grouper : ne perdons pas de temps, retrouvons notre « boussole », publions notre « charte » serrons-nous autour de notre « étendard », le Syllabus ; qu'il soit pour les intellectuels du parti catholique, ce que le Credo est pour les simples, ce que le signe de la croix est pour le chrétien.

§ III. — *Combatifs*.

Nous avons brûlé nos vaisseaux. « Serrés maintenant autour du Souverain Pontife, suivant inébranlablement ses directions inspirées, affirmant avec lui les vérités qui seules sauveront et nos âmes et le monde », nous pouvons désormais, assis sur le Roc de l'Eglise, contempler d'un œil tranquille, comme le philosophe de Lucrèce, ceux qui luttent encore, à nos pieds, contre les tempêtes qu'à déchaînées leur imprudence. « La fausse fierté dont s'enveloppe en effet le libéralisme là où il faut obéir, ne déguise pas assez les complaisances qu'il prodigue là où il convient de résister » (1), et c'est pour cela qu'après avoir rejeté la règle et l'appui que nous proposions au chapitre précédent, les faux catholiques sont condamnés maintenant, misérables épaves, à subir tous les heurts, toutes les perpétuelles oscillations de l'opinion : aujourd'hui pour le maintien du Concordat ; demain contre, si le peuple, disent-ils, se prononce contre, aux élections de 1906.

Nous sommes unis, c'est vrai, mais notre nombre est devenu bien petit, plus petit peut-être que celui des compagnons de Gédéon, après le passage du torrent. Qu'importe, puisque « Dieu combattra pour nous » et que ce ne

(1) Louis VEUILLOT, *L'illusion libérale*.

sera pas notre main, mais la sienne qui assurera la victoire ! Mais, du moins, ne serait-il pas sage, prudent, de se tenir sur la défensive et d'attendre que sonne l'heure de notre Maître et Seigneur ?

Eh bien ! non. Ce n'est pas la défensive que nous conseillerons à ce « petit troupeau », c'est à l'offensive que nous l'exhorterons.

« Viens, suis-moi, dit Jonathas à son écuyer, passons jusqu'au camp de ces incirconcis, pour voir si le Seigneur est pour nous ; car il lui est facile de donner la victoire à un grand ou à un petit nombre. » Et, rampant sur les mains et sur les genoux, suivi de son écuyer, Jonathas fondit sur les Philistins. Et alors on vit un prodige dans le camp et dans toute la campagne, ajoute l'Ecriture, et la terre fut troublée et il arriva comme un miracle de Dieu (1). »

Ce qui fait jusqu'ici la force de nos adversaires, c'est notre faiblesse, disons mieux, notre lâcheté.

A toutes leurs attaques, toujours la défensive, et quelle défensive ! à toutes leurs provocations, toujours des protestations, et quelles protestations ! Nous en avons donné quelques échantillons à nos lecteurs. En voici un autre :

« Est-ce trop que de demander à notre République la liberté des Catacombes ? On l'avait à Rome sous Néron et sous Dioclétien. Nous la refusera-t-on ?

« Que nos amis du Parlement, que les libéraux qui veulent la séparation de l'Eglise et de l'Etat avec justice et modération, s'entendent

(1) *Les Rois*, liv. Ier ch. xiv, v. 6, 13. 14.

pour faire changer cet article 18 du projet de loi, le plus dangereux peut-être de tous, en ce qu'il nous expose à perdre même, dans cette grande ruine de la religion qui va s'opérer par l'apostasie publique de l'Etat, le droit au culte.

«... Que la loi nous laisse ce droit : ce sera à nous, catholiques, d'en user à notre convenance, selon notre appréciation. C'est ce minimum de liberté que nous appelons la liberté des Catacombes, et nous ne sommes pas sûrs de l'obtenir ! »

Ceci est d'une naïveté charmante. Voyez-vous un honnête homme criant au voleur qui voudrait le tuer : « Au moins, laissez-moi ma montre ! »

Les catholiques ne sont, qu'on nous pardonne le mot, pas moins stupides. Ils savent, à n'en pas douter, — nos ennemis nous l'ont assez dit, — qu'on veut leur extermination ; qu'on ne sera content que lorsque « toute superstition », excepté la franc-maçonnique, aura disparu de la terre ; et c'est à leurs assassins, à leurs septembriseurs, qu'ils viennent demander de leur laisser un droit. Ils ont donc sitôt oublié cette parole d'un fédéré à Mgr Darboy qu'on allait fusiller, et qui se réclamait de la liberté : « Ta liberté n'est pas la nôtre ! »

Combien plus noble, plus viril est ce langage de saint Hilaire : « Les apôtres appelaient-ils quelque officier de la cour, quand ils chantaient les louanges de Dieu, en prison, dans les fers et après les coups de fouet ? Saint Paul formait-il l'Eglise de Jésus-Christ par des édits de l'empereur, quand il était lui-même donné en spectacle dans le théâtre ? Je pense qu'il se soutenait sans la protection de Néron, de Vespasien ou de Dèce, dont la haine contre le Christianisme a relevé l'éclat de cette doctrine céleste ! Lorsqu'ils se nourrissaient du travail de leurs mains; qu'ils s'assemblaient en secret dans des maisons particulières ; qu'ils parcouraient les bourgades, les villes, les différentes contrées de la terre, malgré les ordonnances du Sénat et les édits des Princes, croirai-je qu'alors ils n'avaient pas les clefs du royaume des cieux ? C'est tout le contraire : et jamais la puissance de Dieu ne s'est manifestée plus clairement que dans ces circonstances ; jamais Jésus-Christ n'a été annoncé avec plus de force, que quand on a voulu empêcher la prédication de son Evangile (1). »

Que nous sommes loin de cette énergie tout apostolique des premiers âges de l'Eglise ! Tous les jours, des congréganistes poursuivis, traqués, en vertu de la loi des associations qu'ils déclarent « scélérate, mauvaise, attentatoire à leurs droits, à leurs libertés », se réclament, deux minutes après, de cette même loi, pour l'exercice de tel autre droit, de telle autre liberté. C'est véritablement à n'y rien comprendre. Ou cette loi est mauvaise, et n'en usez jamais ; ou elle est bonne, et ne vous en plaignez pas. Elle ne peut pas être alternativement bonne et mauvaise, selon les besoins du moment.

Nous ne sommes pas prophète, ni fils de prophète, mais nous le disons cependant hardiment, sans crainte de nous tromper : Dieu

_____

(1) Sanct. Hilar., *Contra Auxent.*, n° 3.

n'est pas encore près de nous secourir. Nous combattons trop pour nos libertés, pour nos biens, pour nos personnes, et pas assez pour lui. Le mal est au bas, au commencement de toute cette persécution religieuse. On n'a pas résisté jusqu'au sang, dès le principe. Le jour où l'on a laissé passer, presque tranquillement, l'abrogation du repos du jour dominical, ce jour-là, la brèche a été ouverte par où devait passer plus tard toute l'armée de la Franc-Maçonnerie. Dieu était en effet attaqué directement, dans l'un de ses commandements : « Les dimanches tu garderas, en servant Dieu dévotement », et on ne l'a point vengé. Le jour encore où l'on accepta la neutralité de l'école, fut également un jour néfaste, un jour de honte pour l'Eglise. On disait : « Vous voulez votre école laïque, soit ; mais nous aurons notre école chrétienne. » Or, on n'avait pas le droit de parler ainsi, on n'avait pas le droit d'abandonner une partie de l'enfance française au minotaure révolutionnaire. Ce n'est pas seulement un péché qu'ont commis par là ceux qui avaient charge de s'opposer à l'iniquité, c'est un crime. Comme la fausse mère de l'Ecriture, ils ont consenti à ce que l'enfant de France fût partagé. Ils se sont bouché les oreilles pour ne pas entendre la voix de la grâce qui les avait faits pères des âmes, la voix aussi de leur Maître qui leur criait : « Si quelqu'un scandalise un de ces petits qui croient en moi, il vaudrait mieux pour lui qu'on suspendît la meule de l'âne à son cou et qu'on le précipitât au fond de la mer. » Et maintenant, la parole s'accomplit : la meule est attachée, pesante, si pesante qu'elle entraîne vers l'abîme, malgré les efforts désespérés, malgré les protestations, les appels à l'opinion. Inutiles expédients. Ces sortes de crimes ne se rachètent point par des moyens ordinaires, ils ne se lavent que dans le sang : *sine sanguinis effusione non fit redemptio.*

Et cependant qu'il en eût coûté peu de résister, dès le commencement ! Le Christ, fier de l'amour que lui portaient ses enfants, les aurait dispensés de tout effort trop pénible. Un peu de lutte, quelques amendes, quelques jours de prison peut-être, c'est tout ce qu'il aurait exigé d'eux comme preuve de bonne volonté ; et, promptement, il « aurait soumis Satan sous leurs pieds ». L'exemple de la Belgique est là pour nous en servir de garant.

Mais l'occasion est passée. Le premier reniement en a appelé d'autres, et maintenant on ne les compte plus. Voici que nos genoux fléchissent et que nous tombons dans la poussière, dans la boue, aux pieds de l'ennemi triomphant, lui demandant grâce, et n'obtenant, pour toute réponse, que ces cruelles mais trop justes paroles : « La neutralisation de l'école, œuvre essentielle de Jules Ferry, ne pouvait avoir d'autre conséquence que la séparation des Eglises et de l'Etat. Cette conséquence s'est produite le jour où une génération de citoyens tout entière est parvenue à la vie politique après avoir été instruite dans l'école neutre. Les fautes du Vatican n'ont fait que précipiter l'heure où un peuple élevé officiellement en vue d'une séparation radicale de la science et de la religion devait exiger que cette séparation fût également introduite dans les rapports du pouvoir laïque et de la puissance religieuse (1). »

Méditez cela, libérâtres ! est-ce assez clair ? Beaucoup de ceux qui auraient dû s'opposer aux débuts du mal, *même au prix de leur vie*, ne sont plus là pour voir les funestes conséquences de leur apathie. Ils ont « mangé les raisins verts », mais, hélas ! combien « les dents des fils en sont agacées ! »

Telle a été jusqu'à présent la tactique défensive (!) du parti catholique, telles en sont les conséquences. Il est trop tard pour y remédier. Il n'y a plus qu'à laisser passer le châtiment.

Nous l'avons dit plus haut : essayer de convertir cette masse libérale qui forme encore le gros de ce qu'on est convenu d'appeler les catholiques, c'est chose impossible. Ce monde-là ne changera pas, parce qu'il est le Monde et que le Christ a dit qu'il ne priait point pour le Monde.

Nous nous adressons donc seulement à ceux qui ne sont point du Monde, à ceux qui sont du Christ et de son Eglise, et nous leur répétons ces paroles que le ciel fit entendre à saint Pierre, dans sa mystérieuse vision : « Tue et mange ». Tuez spirituellement par le glaive de la vérité, et mangez, c'est-à-dire, assimilez-vous, rendez semblables à vous, croyants comme vous, obéissants et soumis à l'Eglise comme vous, ceux que vous aurez fait mourir à l'esprit du Monde, à l'esprit de Satan, le prince du monde. En un mot, attaquez, et con-

(1) De LANESSAN, dans un article sur la Séparation. *France*, de Bordeaux, n° du 10 février 1905.

tinuez ainsi la tradition de l'Eglise dont la vie n'a été qu'une longue attaque : attaque contre le paganisme, qu'elle a vaincu par ses martyrs ; attaque contre l'hérésie qu'elle a renversée par ses docteurs ; attaque contre le Monde, qu'elle a ému et ébranlé par l'exemple de ses vierges et de ses pénitents.

Terminons par cette pressante exhortation à la lutte que nous adressait Sa Sainteté le Pape Léon XIII, à la date du 10 janvier 1890, dans son Encyclique sur « les principaux devoirs des chrétiens » :

« Reculer devant l'ennemi et garder le silence, lorsque de toutes parts s'élèvent de telles clameurs contre la vérité, c'est le fait d'un homme sans caractère ou qui doute de la vérité de sa croyance. Dans les deux cas, une telle conduite est honteuse et elle fait injure à Dieu ; elle est incompatible avec le salut de chacun et avec le salut de tous ; elle n'est avantageuse qu'aux seuls ennemis de la foi. Car rien n'enhardit autant l'audace des méchants que la faiblesse des bons. »

CHAPITRE II

LES MANDATAIRES DU BIEN : CE QU'ILS DOIVENT
AVOIR

§ I. — *L'esprit de Foi.*

Déterminés, unis, prêts à l'attaque, les Catholiques forment désormais une phalange compacte et disciplinée. Que leur manque-t-il, maintenant, pour être invincibles ? deux choses : la Foi et le Sacrifice. Parlons d'abord de la foi.

Une armée, quelque forte qu'elle soit et par le nombre et par la qualité, ne saurait cependant mener à bien la tâche qui lui est confiée, sans ce qu'on appelle un facteur moral. Qu'il s'inspire d'un sentiment de légitime résistance à l'oppression ou d'un besoin de domination qui veut la patrie plus glorieuse et plus étendue, ce facteur moral, qui n'est autre que le patriotisme, est indispensable à la troupe qui combat, car il lui est ce que l'âme est au corps : c'est lui qui l'anime, la soutient et la discipline. Or, ce facteur moral atteint son maximum d'intensité, et par là même d'efficacité, lorsqu'il se double d'un profond sentiment religieux. Il réalise alors des prodiges. L'histoire des Machabées nous en est un illustre et saisissant exemple. « Machabée, est-il dit dans l'Ecriture, après avoir assemblé les sept mille hommes qui étaient avec lui, les conjura de ne pas se réconcilier avec leurs ennemis (que nos libéraux méditent ces paroles !) et de ne pas craindre cette multitude d'adversaires qui venaient les attaquer injustement, mais de combattre avec un grand courage, ayant devant les yeux la profanation du lieu saint, les insultes et les outrages faits à la ville, et le mépris des lois des ancêtres. Car, ajoutait-il, nos ennemis se confient dans leurs armes et dans leur audace ; mais nous, nous mettons notre confiance dans le Seigneur tout-puissant qui peut renverser d'un seul signe tous ceux qui viennent contre nous et le monde entier. Ces paroles les remplirent de courage, en sorte qu'ils étaient prêts à mourir pour les lois et pour la patrie (1). » Le voilà clairement décrit, ce vrai facteur moral, ce sentiment intime, puissant, de la vérité et de la justice de sa cause, qui fait compter sur l'aide de Dieu, source du Vrai et du Juste, et qui par là-même rend invincible. Quelles instructions ne renferment pas ces admirables livres des Machabées ! Nous voudrions les voir devenir, à cette heure où nous avons tant besoin de lumière et d'encouragement, le bréviaire du Catholique.

Ah ! comme nos ennemis se seraient écroulés,

____

(1) IIe Liv. des *Machabées*, ch VIII, v. 16, 17, 18, 21.

devant nous, depuis longtemps, si nous avions eu, au cœur, cette foi tenace en même temps qu'impétueuse qui ne reconnaît aucun obstacle, qui veut sur toutes choses : la gloire du nom de Dieu. Au lieu de cela, qu'avons-nous vu ? Ouvrons encore le livre des Machabées, il va nous le dire : « Les prêtres mêmes, abandonnant les fonctions de l'autel, méprisant le temple et négligeant les sacrifices, se hâtaient de participer aux exercices du gymnase, et contribuaient à ses dépenses iniques. Et ils oubliaient tout ce qui était en honneur dans leur patrie, et ne voyaient de gloire que dans les arts de la Grèce. Une dangereuse émulation s'établit entre eux ; ils enviaient les coutumes des Gentils et désiraient imiter en tout ceux qui avaient été auparavant les mortels ennemis de leur pays. On ne viole pas impunément les lois de Dieu : la suite de cette histoire le prouvera (1). » Fermons le livre. Ceux qui lui dénient l'inspiration divine, ne pourront du moins lui refuser le don de clairvoyance. C'est en quelques traits, simples mais incisifs, un tableau de nos mœurs modernes. A la place des prêtres, mettons, si vous le voulez bien, les catholiques de la haute société. Quel engouement, quelle « dangereuse émulation » parmi eux, pour la « mode » ! Quelle crainte de paraître rester en arrière ! Quel chagrin de ne pouvoir égaler les « lions » du jour, les personnalités en vue ! Quel empressement à se donner le « chic » des baladins (2), des artistes plus ou

____

(1) IIe Liv. des *Machab.*, ch. IV, v. 14, 15, 16, 17. —
(2) « Hier soir, dans un salon d'universitaires, une dame

moins lyriques, de ceux à qui, jadis, l'Eglise jetait l'anathème et qu'elle condamnait, après leur mort, à ne pas recevoir la sépulture ecclésiastique. On a fait litière de « tout ce qui était en honneur » dans notre pays ; on s'est précipité à l'envi, comme les fakirs de l'Inde, sous les roues pesantes du char d'Israël ; on s'est réuni et l'on a dansé autour du veau d'or qu'on a proclamé son dieu.

D'autres que nous, avec un talent incontesté, ont décrit ces abaissements, étalé ces hontes des fils des croisés à qui la livrée juive paraît maintenant préférable, parce que moins pesante, à la cuirasse d'acier des ancêtres. Mais, en dehors des mondains proprement dits, parmi ceux qui professent des sentiments chrétiens et qui ont des pratiques religieuses, combien se sont laissé fasciner par toute cette fantasmagorie moderne ! Les sports sous toutes leurs formes : automobilisme, cyclisme, yachting ; les réunions mondaines : thés, sauteries, cotillons ; les voyages dispendieux et inutiles, absorbent le plus clair de leur temps. L'argent est consacré, non plus au bien-être seulement, mais aux folies les plus répréhensibles ; les « dépenses iniques » l'emportent de beaucoup parfois sur celles simplement nécessaires. — Si, maintenant, des mœurs nous passons aux idées, c'est là surtout que nous constaterons l'influence délétère du néo-paganisme. Décrier

disait : « Il faut envier les grands comédiens et les grandes comédiennes. Ceux-là auront vraiment connu la gloire incontestée, bruyante, universelle... » — Journal d'une étrangère. *L'illustration*, n° du 1ᵉʳ avril 1905.

ses vraies gloires, pour couronner de lauriers les renommées frelatées de l'ennemi ; vouer au mépris, à la solitude, les écrivains catholiques, et porter son admiration à des constructeurs de bagatelles ; abandonner la langue des ancêtres si claire, si forte, si expressive, et cultiver un style tout en facettes et en clinquant ; bannir de l'éloquence, de la chaire, du barreau, de la tribune, aussi bien que de la littérature, les fortes idées et les mots sublimes de Dieu, Religion, Patrie, Famille, et leur substituer le jargon maçonnique : Progrès, Liberté, Démocratie, Solidarité, Justice immanente, Force des choses, etc., tout cela n'est-ce point une apostasie du bon sens et un suicide moral ? Jusque chez les âmes les plus indépendantes, jusque dans les écrits les plus sains, on rencontre ce quasi respect d'une puissance que l'on n'aime point, mais que l'on craint, et à qui l'on se croit obligé de brûler, — oh ! mais si peu, — un grain d'encens, pour se la concilier et s'en faire pardonner de ne point penser comme elle.

Plus tard, quand les chocs inéluctables se seront produits ; quand, à l'horrible chaos d'une société qui s'effondre aura succédé le renouveau d'un nouvel ordre qui surgit ; quand l'air sera redevenu bien français ; quand la brise nous apportera les douces mélodies oubliées depuis des siècles ; on se demandera alors, en rêvant au monde disparu : « Comment l'âme de la France que Dieu avait faite si droite et si saine a-t-elle pu se laisser prendre à ces mirages, se laisser souiller par ces pourritures ? » Et la réponse viendra toute seule, dictée qu'elle est d'En-Haut : « C'est parce qu'ils avaient abandonné la source des eaux vives, le Seigneur (1). »

Mais, pour le moment, Babylone fleurit : le rire n'y a point encore fait place au gémissement ; la musique, la danse animent toujours ses places ; les festins succèdent aux festins, les fêtes aux fêtes ; jamais la grande prostituée n'a recueilli plus d'hommages, jamais elle n'a versé plus généreusement du vin de sa prostitution aux grands de ce monde, cependant que, d'un air insolent, elle crie au petit troupeau du Christ qu'elle semble écraser de sa magnificence. « Où est la parole de votre Dieu, qu'elle vienne et qu'elle vous délivre ! »

Elle vient cette parole, et son jour n'est plus éloigné. Comme les bourgeons à l'arbre présagent la belle saison, ainsi au milieu de cette pourriture que le premier vent va secouer, on peut déjà distinguer les germes de ce qui sera la société régénérée de demain. Des bas-fonds comme des hautes sphères, les vrais croyants s'appellent et s'agitent, à travers la masse incroyante et libérale, pour se rejoindre, s'unir et former enfin le dernier parti, celui qui, succédant à tous les autres, les vaincra tous, parce qu'il est le seul vrai : *le parti de Dieu*, comme l'a appelé le Pape glorieusement régnant.

Ayons donc la foi. Ce n'est plus l'heure aux regrets ni aux plaintes, mais aux espérances ; car, quand bien même l'Ennemi tiendrait, pour un moment, son talon sur notre tête qu'il semblerait devoir écraser, n'ayons pas peur : ses pieds sont d'argile, et nous avons en nous ce qu'il faut pour le faire tomber : la Foi.

____

(1) Jérémie., ch. XVII, v. 13.

§ II. — *L'esprit de sacrifice.*

La foi appelle le sacrifice, elle lui donne son auréole, comme lui-même est la consécration de la foi et sa manifestation la plus éclatante.

Pour ceux qui ont juré de ne point fléchir le genou devant Baal, le sacrifice n'est plus à conseiller, il s'impose désormais, il est inévitable. La secte qui tient la France a juré haine et extermination à tous ceux qui ne se rangeront point sous son sceptre, ou plutôt son triangle, et l'on peut dire qu'à ceux-là il ne reste plus qu'un espoir : leur propre désespoir. Encore un peu, et l'ennemi aura occupé tous les défilés, fermé toutes les issues. Cette tactique maladroite, observée jusqu'ici, de céder, bénévolement, l'une après l'autre, nos positions, nous a conduits enfin à la dernière, à celle qui représente pour la cause catholique ce que le donjon était au château. Il n'y a plus à reculer parce qu'il n'y a plus d'endroit où reculer. Il faut vaincre ou mourir ou se rendre. Ce dernier parti ne pouvant sourire qu'à ceux pour qui un chien vivant vaut mieux qu'un lion mort, il nous faut examiner les deux autres, puisque nous avons une conception plus haute et de nous-mêmes et de la cause qui nous est confiée.

Mourir est certes plus noble que de déposer les armes, surtout quand la capitulation équi-

vaut à une apostasie, mais ce n'est pas là précisément ce que Dieu demande de nous : « Affermis-toi et sois vaillant », dit-il à Josué, et ces paroles, il les fait entendre à tous ses fidèles. Et
voyez comment on doit y répondre : « Prenez
vos armes, dit Judas Machabée à ses compagnons, et soyez des guerriers vaillants ; et préparez-vous pour le matin, afin de combattre
contre ces nations assemblées pour nous perdre, nous et notre sanctuaire : car il vaut mieux
pour nous mourir dans le combat que de voir
les maux de notre peuple et de notre sanctuaire. Mais que la volonté de Dieu qui se fait
dans le ciel s'accomplisse parmi nous (1). »

C'est bien cela : mourir dans le combat, en
cherchant à vaincre, voilà qui est noble et réconfortant ; mais mourir en tendant les bras
vers l'exécuteur, quand rien ne vous y force,
quand ni la foi ni la charité ne le commandent,
c'est un spectacle plutôt affligeant et démoralisateur ; cela ressemble à cette fameuse défense
légale qui n'aboutit qu'à nous faire égorger par
fractions : « Ne serait-ce pas folie de notre part,
d'ailleurs, écrivait récemment Mgr l'Evêque de
Périgueux, que de mettre seulement le bout du
doigt dans un engrenage légal qui, une fois
accepté, nous broierait jusqu'au dernier ? Qu'on
ne compte pas que nous tombions jamais dans
une telle aberration. »

Cherchons donc, non à mourir, mais à vaincre. Or, la victoire ne se donne pas, elle s'achète
au prix de mille efforts, au prix même du sang.
« S'il le faut, continue le prélat que nous ve

(1) Liv. Ier des *Mach.*, ch. III, v. 58, 59, 60.

nons de citer, nous quitterons nos églises, non bénévolement, mais chassés par les gendarmes, et nous irons dans les bois ou dans les caves dire la messe; s'il le faut, aussi, imitant le Pape, qui, depuis trente-cinq ans, refuse la pension que lui vote l'Italie, nous refuserons le morceau de pain qu'on nous tendra pour prix de notre complicité dans la spoliation ou dans le schisme, et nous irons, de bon cœur, mendier par les chemins pour rester libres et fiers; mais, qu'on s'en souvienne bien : nous n'accepterons pas qu'on tente de nous acheter ! »

Voilà le sacrifice dans toute sa surhumaine beauté. C'est lui seul que couronne la victoire. « Le secret de la victoire repose dans le courage, l'énergie, la rapidité, l'endurance et la persévérance dans la poursuite du but à atteindre. Les chefs doivent faire comprendre à leurs subordonnés que toute hésitation, toute perte de temps, ne fait qu'augmenter les pertes, tandis que la témérité et l'impétuosité les diminuent. Pour ces motifs, il est nécessaire de marcher résolument en avant, sans se laisser arrêter par quelque obstacle que ce soit. » Ce que nous venons de citer, c'est tout simplement un ordre du jour du général Okou à ses troupes, quelques jours avant la bataille de Moukden. Faisons-en notre profit, nous catholiques; et si, tout en étant prêts au sacrifice, nous sommes cependant désireux de l'éviter, sachons que le meilleur moyen encore de diminuer nos pertes est d'en infliger le plus possible à l'ennemi.

Nous devons donc être décidés à *sacrifier notre vie*, si les besoins de notre sainte cause le demandent. Mais le plus souvent, Dieu n'exige pas de nous cette ultime expression de dévouement et de fidélité ; il ne nous demande guère que des sacrifices de peines, de temps et d'argent. Il nous demande surtout, et en premier lieu — ce qui est une question de simple décence pour des catholiques — de ne pas afficher un luxe insolent et une dissipation de mauvais goût, alors que son Eglise est dans les larmes, et va se trouver, demain, dans la misère. Combien de catholiques qui ne semblent guère s'en douter : « Naguère, est-il dit dans un journal assez bien pensant, il eût été indispensable de parler des toilettes grises et discrètes des premiers jours de Carême ; aujourd'hui on ne pense plus beaucoup à ce temps de pénitence qui précède les pâques ; la vie poursuit son cours et, sauf dans certaines familles de tradition, les réceptions, les sauteries, les thés de six heures, gardent, avec l'apparat accoutumé, leurs gais agréments, leur flirt subtil. Ainsi tout se transforme dans nos mœurs (1). »

Mais, direz-vous, dans cette apparence de légèreté, il se cache un fonds sérieux ; voyez tout le bien qui se fait dans nos grandes villes, tout l'argent qui se donne pour les bonnes œuvres, toutes les misères qu'on s'ingénie à soulager. Le bon Dieu, pour qu'on soit tout à lui, ne demande pas qu'on soit si morose. N'est-il pas dit dans l'Ecriture que « Dieu chérit celui qui donne de bonne humeur ? » — Voilà, nous en convenons, une objection présentée sous un jour on ne peut plus gracieux. Mal-

(1) *Echo de Paris*, n° du mardi 7 mars 1905.

heureusement pour les aimables personnes qui la formulent, en dehors de la parole du Christ : « Nul ne peut servir deux maîtres en même temps », nous avons encore celle d'un de ses fidèles disciples, qui constitue la réfutation la plus énergique des raisons qui nous sont alléguées. Sur ces paroles du psaume 118e : « Je suis à vous, sauvez-moi ; parce que j'ai recherché vos justices », saint Hilaire, avec sa force sa concision habituelles, nous donne ce commentaire : « Ces paroles ne peuvent partir que d'une âme tout appliquée à Dieu, infatigable dans l'exercice des bonnes œuvres et persévérant dans la continence, dans les jeûnes et dans les aumônes. Et, en effet, comment ferait profession d'être à Dieu une personne qui serait toute portée vers l'impureté, prompte à la colère, empressée à avoir du bien, adonnée à la bonne chère et ardente pour la gloire et l'ambition du siècle ? Car une personne de cette sorte est plutôt à toutes ces choses qu'elle n'est à Dieu ; puisqu'étant possédée de toutes ces passions vicieuses, il est vrai de dire qu'elle est à ce qu'elle sert. » Cet argent donc qui vient de la poche des mondains dans la main du mandataire naturel des pauvres, le prêtre, est pernicieux pour celui qui le donne, car il en fait la rançon de sa luxure, et avilissant, en quelques circonstances, pour celui qui le reçoit, car il est le prix de la complicité de son silence. Encore, s'il était donné de bon cœur, peut-être en pourrait-on dire qu'il « délivre de la mort, qu'il lave les péchés et fait trouver la miséricorde et la vie ? (1) » Hélas ! il n'en est rien.

(1) Tobie, ch. xii, v. 9.

Souvent, ceux qui donnent s'abstiendraient bien de donner, si les convenances, si la présence, les sollicitations de Mme X..., de Mlle Z... ne leur en faisaient une loi : *Dura lex, sed lex* : loi dure, mais loi tout de même, gémissent-ils, en déposant leur louis.

Que les tristes jours décrits par l'éloquent évêque de Périgueux arrivent, que l'Eglise perde, avec sa pompe et son éclat, son influence sur la société « sélecte », et l'on verra ce que peut le devoir seul sur l'âme d'un fêtard. Les congréganistes en ont fait la dure expérience. Ceux et celles qui recueillaient des millions pour de fastueuses constructions n'ont même pu trouver du pain, lorsqu'ils furent sortis du milieu qui leur donnait leur autorité. D'ailleurs, si les gens tristes s'offensent de la gaieté des uns, les gens gais s'agacent de la tristesse des autres.

Oderunt hilarem tristes, tristemque jocosi (1).

Il n'y a de vraie sympathie, de vraie générosité, qu'entre gens de mêmes sentiments, et surtout de même infortune. L'Eglise recevra de l'aide, dans son malheur, non des cimes orgueilleuses qu'enveloppe le nuage de l'égoïsme heureux, mais des humbles vallées qu'arrosent et rafraîchissent les larmes et les sueurs du travail quotidien. Le pauvre sera plus humain que le riche. Retenons bien cela, car demain nous en ferons l'expérience.

Que devons-nous donc faire ? Quelle préparation apporter à la lutte pour la rendre énergique et par là même efficace ? Ecoutons sur

---

(1) HORACE, *Epîtres*. L. I, ép. 18°.

ce sujet les graves enseignements du Pape Léon XIII, dans son Encyclique : *Exeunte jam anno*, du 25 décembre 1888.

« Toute la vie chrétienne doit se résumer dans ce devoir capital : ne point céder à la corruption des mœurs du siècle, mais lui opposer une lutte, une résistance constante. C'est là ce que l'auteur et le consommateur de notre foi, ce que Jésus proclame par chacune de ses paroles et de ses actions, par ses lois et ses institutions, par sa vie et par sa mort. Quelle que soit donc l'opposition que la dépravation de notre nature et de nos mœurs mette dans nos tendances, c'est notre devoir de courir au combat qui nous est proposé, animés du même esprit et armés des mêmes armes que celui qui, à la joie qui lui était proposée, a préféré la croix. Et pour cela, que les hommes voient et comprennent bien tout d'abord combien est contraire à la profession du nom du chrétien cette recherche, si commune aujourd'hui, des plaisirs de toute nature, cette horreur pour les travaux inséparables de la vertu, cette tendance à ne se refuser aucune de ces délicatesses qui flattent agréablement nos sens. Ceux qui sont au Christ ont sacrifié leur chair avec ses vices et ses concupiscences, d'où la conséquence qu'ils n'appartiennent pas au Christ ceux qui ne s'exercent ni ne s'accoutument à souffrir et qui ne savent pas mépriser les recherches et les délicatesses du plaisir... Ce n'est donc pas un conseil, mais un devoir, et un devoir qui ne concerne pas absolument ceux qui ont embrassé la vie parfaite, mais qui s'adresse absolument à tous de porter chacun dans son corps les mortifications de Jésus. »

Nous voudrions terminer ce chapitre sur ces enseignements du Pasteur suprême, mais peut-être paraîtront-ils intéressés à ceux que n'anime point encore une foi profonde. Qu'ils écoutent donc ce que les païens mêmes disent de la nécessité du sacrifice pour toute entreprise noble et grande : « Lorsque le ciel, dit le philosophe chinois Mencius, veut conférer une grande magistrature ou une grande mission à ces hommes d'élite, il commence toujours par éprouver leur âme et leur intelligence dans l'amertume de jours difficiles ; il fatigue leurs nerfs et leurs os par des travaux pénibles ; il torture dans les tourments de la faim leur chair et leur peau ; il réduit leur personne à toutes les privations de la misère et du besoin ; il ordonne que les résultats de leurs actions soient contraires à ceux qu'ils se proposaient d'obtenir. C'est ainsi qu'il stimule leur âme, qu'il endurcit leur nature, qu'il accroît et augmente leurs forces d'une énergie sans laquelle ils eussent été incapables d'accomplir leur haute destinée (1). »

Serons-nous au-dessous des païens ? Ne saurons-nous pas, en face de la lutte chaque jour plus ardente, en face de l'ennemi chaque jour plus audacieux, nous souvenir de ces belles paroles : *Facere et pati fortia christianum est.* « C'est le propre du chrétien de savoir souffrir avec courage et agir avec énergie ? »

(1) Mengtseu, liv. II, ch. vi, art. 15, dans : *Confucius, sa vie, sa doctrine*, Paris, Bloud et Barral, édit.

CHAPITRE III

LES MANDATAIRES DU MAL

Mgr l'Evêque de Périgueux, dans une lettre sur la séparation de l'Eglise et de l'Etat, a quelques lignes qui résument admirablement tout ce que nous avons dit dans les chapitres précédents : « Le catholicisme, dit Sa Grandeur, parlant des conséquences de la séparation, aura perdu du côté du nombre, mais en décuplant ses forces du côté des unités dirigeantes, pour reconquérir le nombre lui-même par après, grâce à ces unités d'élite. » Retenons cette phrase : elle est tout à la fois une condamnation formelle de la tactique libérale suivie jusqu'ici, et une indication précieuse sur ce qu'il reste à faire.

Nous nous efforçons donc de créer un bataillon d'élite, animé d'une foi inébranlable et d'une générosité sans bornes. Supposons-le formé. Vers quel but dirigera-t-il ses efforts ? A quel ennemi fera-t-il sentir la vigueur de ses coups ? C'est ici qu'il importe de ne point se tromper. Il ne s'agit point de partir en guerre contre des moulins à vent. De nombreuses entreprises, nées sous le meilleur souffle et animées des plus nobles intentions, ont avorté piteusement, parce qu'elles se sont amusées à enfoncer des portes ouvertes ou à faire la guerre à des abus plutôt qu'aux racines, aux principes mêmes du mal. Donc, où est notre ennemi ? voilà la question capitale qui se pose.

Cet ennemi, est-ce le libéral ? — Non. Quels que soient ses défauts, quelle que soit la guerre que nous lui avons faite, le libéral n'est point l'Ennemi, c'est encore un frère, un frère égaré sans doute, mais que nous ne désespérons pas de ramener un jour dans nos rangs où il saura tenir honorablement sa place. Nous devons, tant qu'il persistera dans ses manies, l'empêcher de nous devenir dangereux ; mais il nous est défendu de le détruire, car, pour parler comme Juda à ses frères, au sujet de Joseph : « Il est notre frère et notre chair ». Jetons donc seulement le libéralisme dans une vieille citerne dont nous fermerons soigneusement l'entrée jusqu'à ce que vienne le moment de l'en sortir.

Notre ennemi, c'est celui qui « a le dessein satanique de substituer au christianisme le naturalisme ; au culte de la foi, le culte de la raison ; à la morale catholique, la prétendue morale indépendante; au progrès de l'esprit, le progrès de la matière » et qui « a l'audace d'opposer aux sacrées maximes et aux lois saintes de l'Evangile, des lois et des maximes qui peuvent s'appeler le code de la révolution ; à l'école, à la science et aux arts chrétiens, un enseignement athée et un réalisme abject » (1). Celui-là, indu-

(1) Aux personnes qui veulent bien connaître la Franc-

bitablement, c'est l'ennemi, et cet ennemi a
nom : la Franc-Maçonnerie. A cet ennemi,
nous, vrais catholiques, nous ne demandons
pas de quartier, nous savons que ce serait inutile, et nous ne serons point disposés à lui en
faire plus tard, quand Dieu nous aura donné la
victoire. C'est net et clair.

Dans les hautes herbes des prairies tropi-
cales, le python se glisse par foulées puissantes.
Une simple ondulation des tiges signale ses
progrès. De temps en temps, rapide comme
l'éclair, une tête émerge qui se perd presque
aussitôt dans la brousse. Mais le reptile a trouvé
sa proie, il l'a broyée dans une forte étreinte.
Lentement il l'ingurgite, et, peu à peu, hébété,
alourdi, il laisse reposer inerte, à travers le
sentier, l'horreur de ses anneaux. Telle la Franc-
Maçonnerie. Au début, il n'y avait guère que
les sagaces, les intuitifs, à surprendre le secret
de sa fugitive évolution. Alors la bête était à
jeun. Aujourd'hui, elle est presque repue. Elle
a tant mangé du prêtre et du moine, elle a tant
sucé, par ses mille ramifications, la moelle
même de la France qu'elle éprouve le besoin de développer orgueilleusement le mystère
de sa vraie nature. Elle se sent pressée de crier
partout : « C'est moi qui ai fait cela ! »

Il est à remarquer en effet que la Franc-Ma-

Maçonnerie, nous recommandons la lecture du bulletin
de l'*Association antimaçonnique de France*, qui a pour titre :
La Franc-Maçonnerie démasquée. — Cette association dont
le secrétaire général est **M. J. Tourmentin**, a son siège, 42,
rue de Grenelle, Paris, VIIᵉ. L'*Association* a publié plusieurs ouvrages antimaçonniques, notamment le *Manuel
antimaçonnique* illustré, prix, franco, 0 fr. 25. Remise par
quantités. — Excellente publication pour la propagande.

çonnerie, à l'exemple de son fondateur et père, unit à une merveilleuse finesse une incommensurable sottise. Sa finesse, elle la tient de la nature angélique de Satan ; sa sottise, de l'orgueil qui l'a perdu lui-même. Le diable est fin pour tendre à son but, mais soit qu'il l'atteigne, soit qu'il le manque, son orgueil se fait jour par une satisfaction quasi stupide, ou par une rage folle et imprudente. Il est encore une autre faiblesse de la bête, c'est que, malgré son apparence de force, elle est tremblante et affaiblie devant le Vrai et le Bien, c'est-à-dire devant une croyance sincère et une vie sans tache. Comme Caïphe dont les yeux clignotaient à l'aspect de la face resplendissante du Juste, Satan ne peut supporter l'éclat de la vérité et de la sainteté, et là où il les rencontre, il se laisse vaincre, même par un enfant.

Il est certain que bon nombre d'esprits qui se refusaient à considérer la Franc-Maçonnerie comme le pire ennemi de la France, y voient maintenant plus clair. Le cri poussé par un vaillant évêque : « Le franc-maçon, voilà l'ennemi ! », trouve de l'écho jusqu'en des milieux sourds auparavant à toute révélation. La marche méthodique suivie dans la persécution religieuse a fait soupçonner la présence d'une organisation occulte, premier avertissement ; puis, des fuites nombreuses se sont produites de documents précis et révélateurs ; enfin l'affaire des fiches, par son instantanéité et son ampleur, a forcé la secte à se révéler et l'a même amenée, après quelques hésitations, à se glorifier de son œuvre. Présentement, elle cherche encore, peut-être pour la dernière fois, à dissimuler sa tête hideuse. Elle a frappé un coup destiné à intimider ses adversaires ; contracté des alliances louches jusque parmi ceux qui la poursuivaient ; créé enfin, avec quelques bombes de fumistes, un utile dérivatif à la curiosité publique ; et maintenant rassurée, elle achève d'amener grand train la mesure finale qui, l'espère-t-elle, sera tout à la fois la consommation de la ruine de l'Eglise, et le couronnement de son œuvre, à elle.

Si nous voulons être sages et faire de la bonne besogne, ne nous attardons donc pas à combattre l'internationalisme, l'antipatriotisme, le socialisme même, tout cela en effet n'est que la queue de la bête ; visons à sa tête, au Grand-Orient lui-même. C'est de là qu'émane la vie dont frémit ce corps monstrueux. N'allons pas à côté de la question. Saisissons par des documents précis, irréfutables : la nature de la Franc-Maçonnerie, son origine, son développement, ses méfaits à travers les âges ; son but, ses méthodes ; ses adhérents : leurs paroles, leurs démarches, leurs relations ; ses ramifications : ligues, sociétés, associations diverses. Qu'il n'y ait pas un seul coin où nous ne portions le flambeau investigateur. De tout cela, formons un dossier complet, grâce auquel nous connaîtrons enfin l'Institution, sous tous ses aspects. La faire connaître ensuite, ce sera la faire périr. Il en est d'elle comme des termites, qui ne peuvent accomplir leur travail de destruction qu'au sein des ténèbres.

Cette œuvre presse, et pourtant, combien peu s'en doutent ! Ceux mêmes que leur vocation appelle non seulement à pratiquer le bien et à faire connaître la vérité, mais encore à poursuivre le péché et à faire détester le mensonge, ne saisissent pas l'importance qu'il y aurait à démasquer la Franc-Maçonnerie, source impure de tous les désordres modernes. « J'ai parcouru, écrivait naguère le directeur de la Franc-Maçonnerie démasquée, j'ai parcouru consciencieusement la liste de nos abonnés et de nos adhérents ; et, si j'y ai compté une demi-douzaine de prêtres, c'est le bout du monde. Singulière association cléricale (il répond à un reproche des F∴) dans laquelle les curés brillent par leur absence, et je puis ajouter : par leur indifférence... Au mois d'avril 1902, nous avions voulu sonder la mentalité de l'épiscopat et savoir quel appui moral notre œuvre rencontrerait auprès des évêques de France ; très respectueusement, très humblement, nous avions essayé de les pressentir à l'aide d'une lettre élaborée par notre comité directeur. Un de nos amis me disait, malicieusement, à cette occasion : vous compterez sur vos doigts, mais vous n'irez pas jusqu'à dix. Et, en effet, huit prélats seulement daignèrent ou osèrent nous donner un encouragement. »

Ces très justes reproches devraient s'appliquer aussi à bon nombre de catholiques intelligents, dont le temps et les talents sont consacrés à des œuvres, louables assurément, mais secondaires, puisque l'ennemi les anéantira demain. Ils oublient que le plus pressé est encore de détruire l'ennemi lui-même ; attendu que « morte la bête, mort est aussi le venin ». C'est donc à la Franc-Maçonnerie qu'il faut courir sus. Nos essais d'apologétique, de conciliation de la foi et de la science, doivent désormais être relégués au second plan ; car, l'axiome ne peut nous tromper : *primum vivere, deinde philosophari* : « vivre d'abord, c'est l'essentiel ; disserter vient en second lieu ». Or, pour vivre, il faut tuer celui qui nous veut tuer, surtout quand on n'a pas d'autre moyen de conserver sa vie.

D'ailleurs, le Pape lui-même, dans son Encyclique *Humanum genus*, 20 avril 1884, nous fait une obligation de cette lutte toute spéciale ; et, à l'exhortation, il joint, dit-il, l'exemple.

S'adressant à NN.SS. les Evêques : « En premier lieu, dit-il, arrachez à la Franc-Maçonnerie le masque dont elle se couvre et faites-la voir telle qu'elle est. »

Puis il poursuit. « Pour tous ces motifs, à peine avions-Nous mis la main au gouvernail de l'Eglise, que Nous avons clairement senti la nécessité de résister à un si grand mal et de dresser contre lui, autant qu'il serait possible, Notre autorité apostolique. — Aussi, profitant de toutes les occasions favorables, Nous avons traité les principales thèses doctrinales sur lesquelles les opinions perverses de la secte maçonnique semblent avoir exercé la plus grande influence...

« Aujourd'hui, à l'exemple de Nos prédécesseurs, Nous avons résolu de fixer directement Notre attention sur la société maçonnique, sur l'ensemble de sa doctrine, sur ses projets, ses sentiments et ses actes traditionnels, afin de mettre en une plus éclatante évidence sa puissance pour le mal, et d'arrêter dans ses progrès la contagion de ce funeste fléau. »

Ne nous abusons pas. Le mal, nous l'avons

dit au commencement de ce travail, c'est le Naturalisme ou Néo-Paganisme ; mais, (et c'est le Pape qui parle), « qu'on voie à l'œuvre la secte des francs-maçons dans les choses qui touchent à la religion, là principalement où son action peut s'exercer avec une liberté plus licencieuse, et que l'on dise si elle ne semble pas s'être donné pour *mandat* de mettre à exécution les décrets des naturalistes ».

La haine que nous porterons à la Franc-Maçonnerie sera le critérium de notre attachement à Dieu et à son Eglise. Combattons donc cette secte avec toute notre détermination, notre discipline, notre audace, notre foi et notre dévouement.

CHAPITRE QUATRIÈME

NOS ARMES

Un bon diagnostic de la maladie, un bon médecin pour la combattre, c'est beaucoup, mais ce n'est pas tout ; il faut encore un bon remède pour la guérir. Or, la France est malade, et nous avons montré le mal qui la ronge, le Naturalisme, mal du dehors, et le Libéralisme, mal du dedans. Nous avons indiqué ensuite ce que doivent être, ce que doivent avoir, ceux que nous voudrions voir s'opposer de toute la force de leur résolution, de leur union et de leur audace, à cette décomposition morale du pays. L'agent propagateur du mal, le microbe nocif dont le virus entretient et propage cette pourriture, leur a été dévoilé : c'est le franc-maçon. Il n'y a donc plus maintenant qu'à signaler le remède aux maux dont nous souffrons ; ou, plus justement, qu'à fournir des armes destructives de celui qui les cause.

De ces armes, les unes sont spéciales, différentes selon chaque cas, et ne peuvent être employées que d'après les circonstances diverses de temps, de lieu et de personne, tels sont : les patronages, cercles, comités d'études, syndicats agricoles, œuvres post-scolaires; d'autres sont d'un usage plus général : elles s'appliquent à tous les cas, s'adaptent à toutes les circonstances et attaquent le mal sous toutes ses faces. C'est de celles-là que nous allons nous occuper plus particulièrement. La première raison, que nous en donnons, se tire du caractère d'utilité générale que revêt cet ouvrage : nous n'avons pas en effet l'intention de préconiser une méthode de préférence à telle ou telle autre, mais seulement d'exposer les principes généraux de la lutte, laissant à chacun le soin de les appliquer selon les temps, les lieux ou ses aptitudes particulières. La seconde, c'est que la rapidité avec laquelle se déroulent les phases de la persécution religieuse, ne nous permet pas de recommander tel ou tel moyen qui, bon aujourd'hui, pourrait être demain d'une parfaite inutilité. Nous ne devons pas oublier en effet que nos ennemis, tout-puissants à cette heure, cherchent à nous briser, dans les mains, nos armes, au fur et à mesure que nous les avons forgées. La troisième raison enfin, c'est qu'élaborer ouvertement un plan sous les yeux d'un ennemi vigilant, c'est faire comme un général d'armée qui ferait savoir à la ville assiégée sur quel point il dirigera son attaque. Le secret que gardent les loges sur leurs machinations doit nous apprendre à ne pas agir autrement qu'elles, si nous voulons réussir.

Nous sommes donc contraint de nous renfermer, non dans le vague, ce qui ne servirait à rien, mais dans une généralité dont l'ennemi ne puisse profiter pour nous nuire ; et dont le lecteur puisse néanmoins tirer tous les enseignements nécessaires pour devenir, selon le langage de l'Apôtre, un soldat « prêt à toutes les bonnes besognes ».

Les armes, que nous voudrions voir aux mains de tous, sont : l'Etude, la Discipline et le Zèle.

Elles répondent exactement au plan de cet ouvrage, soit que l'on considère le Mal, soit qu'on envisage le rôle de ceux qui auront charge de le combattre.

Le Mal se présente sous un double aspect : Libéralisme et Naturalisme. Au Libéralisme, mal du dedans, nous opposerons comme remède la Discipline, qui ne permettra plus les écarts de doctrine ; au Naturalisme, mal du dehors, nous remédions par le zèle, d'après cet axiome que, quand l'arbre du Bien se développe, celui du Mal se flétrit.

Au point de vue de l'organisme nouveau à créer contre l'action du Mal et les entreprises de ses mandataires, nous devons considérer qu'un organisme se forme, se conserve et s'accroît. Or, c'est par l'Etude que se formera l'élite intellectuelle du parti catholique ; c'est par la Discipline qu'elle se conservera ; c'est par le Zèle qu'elle prendra ses légitimes accroissements.

Notre marche est donc logique ; et, si les moyens d'attaque que nous proposons, quoique rationnels, semblent trop connus et trop communs, nous allons rapidement nous convaincre qu'ils le sont en réalité beaucoup moins qu'on se l'imagine.

§ I. — *L'Etude.*

« A tout Seigneur tout honneur. »

Donnons à l'Etude la place qui lui revient : la première ; puisque aussi bien c'est elle qui est l'inspiratrice de nos vouloirs, étant admis que « les idées gouvernent et commandent les actes ».

La nécessité d'employer l'Etude, comme l'arme par excellence, nous est démontrée par la Franc-Maçonnerie elle-même.

M. Fallières s'écriait, un jour, dans un discours : « La France était autrefois la Fille aînée de l'Eglise ; elle est aujourd'hui la Fille de la Révolution. » Or, comment les F∴ M∴ sont-ils arrivés à défigurer la Fille de l'Eglise à leur image et ressemblance, qui est celle de la Révolution ? Est-ce par les œuvres sociales, si fort à la mode en ce moment ? Assurément non. Le franc-maçon n'aime pas ce qui coûte ; et, comme le frelon, il est plus avide de manger le miel que de le faire. C'est tout simplement en bouchant les oreilles de la foule à la vérité, et les rendant attentives au mensonge, qu'ils sont parvenus à infecter de leurs mauvaises doctrines la masse de la nation. Pour cela, tout leur a été bon : la plume, la parole, l'image, le théâtre. Pour reconquérir la France, ou mieux, pour réédifier une société chrétienne, usons des mêmes procédés. Les œuvres sociales : associations, syndicats, comités, etc. peuvent être un moyen, elles ne sauraient être un but ; elles doivent être le canal de la vérité, sans jamais prétendre à être la vérité elle-même. Edifier ces œuvres, simplement pour les édifier, et sans savoir ce qu'elles sont chargées de transmettre, ce serait construire un pont là où il n'y a point de rivière à traverser.

Et maintenant, si nous voulons imprégner les autres de la vérité, par quelque moyen que nous ayons choisi, il nous faut d'abord avoir la vérité. Or, comment pourrions-nous l'avoir, sans l'étude qui nous la donne ?

En dehors même du bien à faire, notre propre intérêt nous en fait déjà une obligation. « En présence de ces iniquités, dit Léon XIII, il est du devoir de chacun de veiller sur soi-même et de prendre tous les moyens pour garder intacte la foi dans son âme, en évitant ce qui la pourrait compromettre et en s'armant contre les fallacieux sophismes des incrédules. Afin de mieux sauvegarder encore l'intégrité de cette vertu, Nous jugeons très utile et très conforme aux besoins de notre temps que chacun, dans la mesure de ses moyens et de son intelligence, fasse de la doctrine chrétienne une étude approfondie et s'efforce d'arriver à une connaissance, aussi parfaite que possible, des vérités religieuses accessibles à la raison humaine. »

Jamais conseil ne fut plus utile, aux temps où nous vivons. Les divisions cruelles qui nous déchirent ; les aberrations de langage qui nous échappent, le désarroi, le manque de direction, l'incertitude, qui règnent dans nos rangs, indiquent une absence totale de principes sur lesquels tout le monde s'entende, une ignorance grossière de la vraie doctrine de l'Eglise, de ce qu'elle autorise et de ce qu'elle défend.

L'étude est donc nécessaire. Cette étude, maintenant, nous la voudrions.

1° *Chrétienne.* — S'il est un spectacle vraiment scandaleux, c'est bien celui de l'abandon dans lequel ont été laissés, par leurs anciens élèves, les maîtres congréganistes, lorsque la lourde main des spoliateurs s'est abattue sur eux. Et, pourtant, si le père a droit à l'amour et à la reconnaissance de l'enfant pour lui avoir donné la vie du corps, le maître qui lui a donné naissance, par la science, à la vie de l'esprit, ne mérite-t-il point quelque égard ? Hélas ! ceux qui sont tenus, de par l'Evangile, à avoir de l'amour, même pour leurs ennemis, n'ont eu pour leurs amis, pour leurs éducateurs, que froideur et qu'indifférence. Quelques-uns sont venus serrer la main des exilés ; verser quelques pleurs aussitôt essuyés ; crier « au revoir » au départ du train ; et ça été tout ! Le deuil n'a pas duré longtemps. Le collège, la pension, la classe, se sont rouverts sous les auspices du gouvernement ; et l'on a pu voir, en maints endroits, les disciples des volés aller reprendre leurs cours dans la nouvelle maison des voleurs.

Au fait, pourquoi auraient-ils agi autrement ? A leurs yeux, sans doute, il n'y avait là qu'un changement d'enseigne. Ils ne se sont point aperçus que l'idéal n'était plus le même, probablement parce qu'ils n'avaient jamais eu d'idéal.

Ceci prouverait peut-être qu'en des établissements dits chrétiens, et où devait se donner, avant tout, l'enseignement chrétien, on s'est préoccupé de compter le nombre d'élèves reçus bacheliers plutôt que celui des défenseurs donnés à l'Eglise.

C'est absolument navrant, attendu que « la piété est utile à tout », et que l'enseignement religieux intensif, en ouvrant des vues profondes sur Dieu, l'âme et le monde, est le plus propre à former des esprits judicieux et investigateurs.

Or, c'est au moment où l'Etat, en mettant hors la loi l'enseignement congréganiste, lui donne par là même le droit et l'occasion de se reconstituer sur de nouvelles et meilleures bases ; c'est à ce moment, disons-nous, que des laïques, inconscients ou criminels, proposent de le délivrer de « toute influence confessionnelle ! ». « Vraiment, disait un éminent religieux, si nous continuons sur cette pente, les maîtres religieux finiront par enseigner l'athéisme pour conserver à leurs concitoyens le bénéfice d'une école religieuse ! »

Nous supplions donc, humblement, et par les entrailles de la charité de Jésus-Christ, comme s'exprime l'Apôtre, nous supplions ceux qui sont les pasteurs de nos âmes et nos pères dans la foi, de mettre fin, par leur autorité épiscopale, à de tels abus ; et de faire un devoir aux parents chrétiens de donner, à leurs enfants chrétiens, une éducation avant tout chrétienne.

Pour cela, il est nécessaire que l'étude des choses religieuses soit, même pour les parents :

2° *Obligatoire.* — Pourquoi pas? On exige déjà pour la première communion une science suffisante du catéchisme, pourquoi n'en serait-il pas de même pour l'admission des grandes personnes à la réception des sacrements? Tout chrétien ne doit-il pas être à même, comme le recommande saint Pierre, de « satisfaire quiconque lui demande raison de l'espérance qui est en lui »? Et quant à ceux que leur fortune et leur intelligence placent à la tête de la société, n'ont-ils pas le devoir de « s'employer à propager leur foi et à la faire connaître soit par leurs paroles, soit par leurs écrits »?

« Souvent, dit le proverbe, la peur d'un mal nous conduit dans un pire ». A force de vouloir éviter les erreurs du Jansénisme, on a donné dans un autre excès ; et la déplorable facilité avec laquelle on a poussé tout le monde aux sacrements, n'exigeant comme préparation qu'un peu de bonne volonté, a conduit le peuple au mépris des sacrements eux-mêmes.

On oublie trop souvent que l'homme n'estime guère que ce qu'il a acquis au prix de son temps et de sa peine. Un humble mais rare insecte, découvert sur le sommet d'une montagne ou dans les profondeurs d'une forêt tropicale, console facilement le savant de tout l'or qu'il a donné pour le posséder. Si les sacrements sont plutôt le remède à notre faiblesse que la récompense de notre vertu, nous ne pouvons cependant pas ne pas nous souvenir de cette recommandation du Maître : « Gardez-vous de donner ce qui est saint aux chiens, et ne jetez point vos perles devant les pourceaux. » Après lui, saint Jean Chrysostome, s'adressant aux

prêtres de son église, leur tenait ce langage :
« Que ce soit un chef de la milice, que ce soit
un préfet, voire même un prince couronné du
diadème, s'il est indigne, repoussez-le : votre
puissanc e est supérieure à la sienne. Si Dieu en
effet vous a ainsi honorés, c'est afin que vous
sachiez discerner entre le digne et l'indigne.
C'est en quoi consiste votre dignité, votre sécurité, je dirai même votre couronne. » (*Homélie*
LXe) — Or, il n'y a pas à être indigne que celui
dont l'âme est souillée par la luxure ou par la
haine ; l'homme qui n'a plus qu'une notion
confuse de ce qu'il va recevoir est à peu près
sur le même pied : si le premier est un pour-
ceau, le second est un âne. Au point de vue du
respect dû au sacrement, nous ne voyons pas
trop la différence qui les sépare.

Il ne manque pas de gens malheureusement,
qui se croient excellents chrétiens, et qui
passent toute leur vie, sans ouvrir un livre
propre à leur donner une vraie et solide science
de la religion. Ce n'est pas pour avoir écouté
quelques sermons d'un prédicateur en vogue,
ou pour avoir feuilleté distraitement quelques
pages d'une revue catholique, qu'ils seront ca-
pables d'opposer, aux sarcasmes d'un incrédule,
un exposé clair et solide de la foi chrétienne.
Tout catholique sérieux et intelligent devrait
consacrer à l'étude de sa religion au moins
trois heures par semaine, et encore ne serait-
ce pas de trop. Nous devons considérer en effet
que cette étude doit être :

3° *Permanente et progressive.* — Qu'exige la
Laïque de ses adeptes, au nom de la science et
du progrès ? justement ce que nous demandons

maintenant aux chrétiens, au nom de leur salut éternel et de l'honneur de leur croyance. Nous avons sous les yeux un opuscule intitulé : *Guide pratique de l'éducateur populaire* —. vade-mecum des œuvres port-scolaires. L'auteur, (un universitaire) veut que l'école laïque suive l'enfant, devenu homme, à travers la vie ; et, que d'école primaire, elle soit selon les milieux : cours d'adultes, conférence populaire, lecture commentée, école du régiment, université populaire, de telle sorte que le Français soit écolier à perpétuité. Voici maintenant la conclusion que tire notre auteur : « Dans l'œuvre proposée, dit-il, tout s'enchaîne et tout se tient. Depuis le cours d'adultes ouvert dans la plus humble école de hameau jusqu'aux leçons données dans la grande ville, à l'école des maîtres, elle consacre le droit du citoyen à l'incessante perfectibilité intellectuelle et morale. »

Voilà l'idéal laïque. Voici maintenant le nôtre tel qu'il nous est fixé par saint Paul. D'après l'Apôtre, nous devons « travailler à l'édification du corps du Christ, jusqu'à ce que nous parvenions tous à l'unité d'une même foi et d'une même connaissance du Fils de Dieu, à l'état d'homme parfait, à la mesure de l'âge de la plénitude du Christ ; afin que nous ne soyons plus flottants comme des enfants, et que nous ne nous laissions pas emporter à tout vent de doctrine, par la malice des hommes et par leur adresse à nous envelopper dans l'erreur, mais faisant l'œuvre de la vérité dans la charité, nous croissions de toute manière en Jésus-Christ notre chef (1) ».

(1) Saint Paul aux Eph., chap. iv, v. 12 à 16.

Vous le voyez. D'un côté comme de l'autre, c'est la même exhortation. Seulement, l'un parle en païen, l'autre en disciple du Christ.

Qu'a donc été jusqu'ici notre science religieuse et que devrait-elle être ? Ce qu'elle a été : une simple connaissance, comme serait celle de l'histoire et de la géographie ; un ornement de notre esprit, ornement que nous eussions peut-être rejeté, si l'Eglise ne nous avait fait une obligation de le garder ; une chose juxtaposée, indépendante, de peu d'importance ; un accident, que peut revêtir notre âme, mais qui n'affecte en rien son essence, de telle sorte que nous puissions le perdre, sans que notre être intérieur en subisse aucune modification, ne cessant pas d'être naturel après comme avant. Ce qu'elle devrait être maintenant : un germe qui se développe et grandit avec nous ; un état d'âme qui fait que, surnaturels par le baptême, surnaturellement nous devons penser et agir. C'est pourquoi, si on nous demande pourquoi il y a si peu de vrais chrétiens ; pourquoi le mal est si actif et le bien si torpide ; nous répondrons que c'est parce que, pour la plupart des hommes, le christianisme est dans l'esprit, mais que l'esprit n'est pas dans le christianisme.

C'est donc bien entendu. Il ne suffit pas, comme le dit l'Encyclique sur les principaux devoirs des chrétiens, que « la foi demeure intacte dans les âmes, elle doit y prendre de perpétuels accroissements ».

C'est en vertu de cette pérennité, de cette progressivité, de l'étude religieuse que celle-ci doit être encore, puisque nous avons toute notre vie pour cela :

4° Méthodique. — Cette quatrième qualité, que nous exigeons de l'étude, répond à l'objection qui pourrait nous être faite : que nous ne cherchons qu'à former des hommes d'église, sans nous inquiéter s'ils sont ou non à la hauteur de leur siècle.

« La piété est utile à tout », et l'on peut ajouter avec le Livre sacré « qu'elle a les promesses de la vie présente aussi bien que de la vie future ». Nous voulons Dieu d'abord, Dieu à la première place parce qu'il est l'Alpha et le principe ; mais nous voulons que l'esprit humain scrute aussi le monde que « Dieu a livré à nos discussions », parce que le monde lui-même nous ramène à Dieu qui en est son Omega et sa fin. Loin d'exclure les autres études, l'étude de Dieu et des choses de Dieu les comprend toutes : car elle est le flambeau qui les éclaire, le lien qui les unit, la fin qui les ennoblit. « Tant s'en faut, dit Léon XIII, que la lumière surajoutée de la foi éteigne ou amortisse la vigueur de l'intelligence ; au contraire, elle la perfectionne, et, en augmentant ses forces, la rend propre à de plus hautes spéculations (1). » Et Mgr Pie : « Faut-il s'étonner après cela du degré de faiblesse, de misère et de honte auquel est descendue cette société ignorante et contemptrice de Dieu ? Le sage l'avait bien dit : Or, ils sont vains tous les hommes chez qui la science de Dieu n'existe pas à la base de tout le reste : *Vani autem sunt omnes homines in quibus non subest scientia*

____

(1) Encycl. *Æterni Patris.* Sur la philosophie chrétienne, 4 août 1879.

Dei. Entendez-vous? *vani omnes :* quels qu'ils soient et de quelques avantages qu'ils se glorifient, ce ne sont plus vraiment des hommes, mais des ombres et des fantômes d'hommes, des hommes qui ne tiennent plus debout, des hommes inconsistants, fuyants, insaisissables et qui ne savent plus eux-mêmes rien saisir ni retenir : génération vouée au malheur, et qui est réduite à chercher ses sauveurs parmi les morts, comme si les morts pouvaient offrir une espérance de salut (1) ».

Le premier fruit d'une bonne méthode, c'est de donner à chaque chose la place qui lui convient. Nous avons comme de juste donné la première place à Dieu, il est séant maintenant qu'ayant à étudier mieux ce « petit monde » qu'est l'homme, nous donnions nos préférences à son esprit plutôt qu'à son corps. « Quand j'étais petit enfant, dit saint Paul, je parlais comme un petit enfant, j'avais les sentiments d'un petit enfant, les pensées d'un petit enfant : mais, lorsque je suis devenu homme, je me suis dégagé de ce qui était du petit enfant (2). » Aux petits enfants donc qui ne vivent guère que par les sens, donnons des leçons de choses, parlons par images, frappons à la porte de l'imagination ; mais, au fur et à mesure que l'esprit se développe et que la réflexion prend naissance, donnons à leur raison ce qu'elle réclame, et puisque nous avons la Vérité, faisons-leur reconnaître surtout les *principes*. Notre malheur à nous, catholiques, a été d'abandonner

(1) Instruction synod. sur la 1re const. du Conc. du Vatican.
(2) I aux Corinth., ch. XIII, v. 11.

le terrain de la vérité acquise pour nous égarer, à la suite de nos adversaires, dans le domaine touffu de la critique des faits. Il en est résulté que chacun les interprétant à sa façon, selon sa passion, il a été impossible d'en rien déduire, faute d'une autorité qui tranchât le différend. Or, cette autorité dont nous avions fait fi, à la grande joie des esprits brouillons de l'incrédulité, ce sont nos principes.

Ce que nous désirons, c'est qu'on donne à la philosophie le pas sur toutes les sciences parce que, dit Léon XIII, « c'est d'elle que dépend en grande partie la sage direction des sciences » et que c'est par elle que « la foi salutaire est engendrée, nourrie, défendue, fortifiée ».

Au lieu de copier de plus en plus les méthodes de l'Etat, ayons donc la sagesse de revenir aux méthodes scolastiques. Qu'on ne surmène plus les cerveaux par une culture intensive ; qu'on ne les abrutisse plus sous la masse des connaissances ; mais qu'on donne au contraire à l'esprit la force de démêler lui-même ce qui lui convient, en jugeant sainement de toutes choses. Beaucoup de gens, qui ont une teinture de tout, sont par ailleurs incapables d'un raisonnement ; beaucoup qui savent le nom de tout, ne peuvent donner la définition d'aucune chose. Ils lancent des mots sonores, et ne savent ce qu'ils signifient. Leur demande-t-on de les expliquer, ils nagent dans le vague, comme naguère un homme politique éminent qui disait : « Une loi, messieurs, c'est une... c'est un... enfin, c'est... une loi. »

Apprenons donc, chez nous, à penser, à raisonner, à définir et à démontrer ; et, en moins de dix ans, si nous usons de cette méthode, nous aurons laissé tous les sophismes de l'ennemi troués comme une écumoire.

« En premier lieu, disait Léon XIII, comme, à notre époque, la foi chrétienne est journellement en butte aux manœuvres et aux ruses d'une certaine fausse sagesse, il faut que tous les jeunes gens, ceux particulièrement dont l'éducation est l'espoir de l'Eglise, soient nourris d'une doctrine substantielle et forte, afin que, pleins de vigueur et revêtus d'une armure complète, ils s'habituent de bonne heure à défendre la religion avec vaillance et sagesse, prêts, selon l'avertissement de l'Apôtre, à rendre raison à quiconque le demande de l'espérance qui est en nous (1) ; ainsi qu'à exhorter, dans une doctrine saine, et à convaincre ceux qui contredisent (2). » Encycl. *Æterni Patris.*

A cette exhortation magistrale du Saint-Père, nous ajouterons, comme commentaire, le passage suivant de Balmès. On y verra comment ce grand esprit entendait bien ne pas restreindre aux grandes personnes seulement l'étude des premiers principes de nos connaissances tant religieuses que profanes. « On donne aux enfants, écrit-il, au moyen du catéchisme, des notions sur les rudiments de la Religion, et on leur en fait réciter l'histoire par cœur ; mais on n'appelle pas suffisamment leur attention sur la base des vérités qu'ils apprennent. Aussi,

(1) I Pet. iii, 15.
(2) Tit. I, 9.

lorsqu'ils quittent l'école pour entrer dans une société légère et dissipée, parfois même incrédule ou indifférente, ne trouvent-ils pas, dans leur intelligence, des lumières suffisantes pour les aider à rester fidèles aux croyances de notre très sainte religion. Il y a malheureusement une foule d'hommes superficiels qui parlent de ce qu'ils ne comprennent pas, et font de la Religion le sujet favori de leurs causeries et de leurs attaques. Quelles armes a-t-on fournies aux enfants pendant leur éducation et leurs premières études, pour leur permettre de défendre leur foi, sinon dans la conversation, du moins dans le sanctuaire de leur conscience? Où leurs maîtres peuvent-ils rencontrer l'analyse en courtes leçons des bases de notre Religion? Cet enseignement n'est-il donc pas aussi nécessaire, plus nécessaire même, que celui des principes de l'arithmétique, de la géographie, du dessin et des autres choses par lesquelles on prépare l'esprit des enfants à se lancer avec succès et profit dans leurs carrières respectives?... Il y a dans ces questions une ignorance et une négligence déplorables ; on enseigne de tout, on apprend de tout, mais on n'a nul souci d'avoir la raison de notre foi, et c'est une des causes pour lesquelles notre foi reste dans un si grand nombre de cœurs comme une semence stérile, quand, ce qui est pire encore, le premier souffle du vent ne l'emporte pas (1). »

— Concluons. Dans ces temps, la pusillani-

____

(1) BALMÈS, *La religion mise à la portée des enfants.* Préface.

mité est devenue si commune, la honte du
Vrai si répandue, qu'on a imaginé de créer une
foule d'œuvres de bienfaisance ou d'utilité, afin
d'amener le peuple à supporter, par intérêt,
une toute petite dose d'Evangile. De la question des salaires ou de celle des superphos-
phates, ou de celle encore de l'assurance
contre la mortalité du bétail, on tâche de passer
tout doucement à un petit exposé de l'utilité
de la Religion pour le bonheur des foules. Le
moyen n'est pas tout à fait mauvais, mais, hélas ! combien long ! L'Eglise sera morte depuis
longtemps, quand nous aurons enfin amené le
peuple à nous accorder que sa doctrine pouvait
avoir quelque beauté.

Que faire alors ? — Prendre tout simplement
la Vérité et la jeter *hardiment*, *agressivement*,
impérieusement, à la face de ceux qui la nient.
Sa nudité toute crue frappera davantage les
regards que les vains oripeaux sous lesquels
nous voudrions la dissimuler. Il y aura scandale, hurlements de haine et ricanements de
mépris, assommades peut-être ; mais en fin de
compte, devant cette beauté austère et virginale
devant cette force sereine et hautaine, l'opinion changera, les hourras et les vivats succé-
deront aux chansons et aux lazzis ; la France
saura reconnaître enfin, en l'Eglise, sa mère ;
en la Révolution, sa marâtre.

Oui, mais pour arborer la Vérité de cette
façon, il faut avoir foi en elle, et la foi naît de
la conviction. Etudions donc : notre silence
nous tue ; et notre silence, souvent, provient de
notre ignorance.

§ II. — *La discipline.*

Nous ne savons que trop par le mal que nous a fait le Bloc, depuis quelque temps, en quelle estime nos adversaires tiennent cette arme de la discipline. Ils ont réalisé, ces malheureux, l'union dans la haine ; et ils sacrifient à cette union leurs opinions et même leurs ressentiments, votant sans comprendre, votant à contre cœur, mais votant quand même, selon les décisions du Bloc.

Pour nous, nous sommes encore bien loin d'être tous unis dans la charité et dans la vérité. On dirait qu'un mauvais génie se plaît à souffler, en tempête, sur nos rangs, pour les effriter et les faire s'en aller en poussière. Les ligues, les associations, les comités et les sous-comités naissent comme champignons en un jour d'orage, tous différents, tous se jalousant, tous s'excommuniant ou peu s'en faut. Mais ce qui est plus affligeant encore, c'est que ces divisions n'existent pas entre laïques seulement, elles se produisent aussi entre les soldats et leurs chefs, entre les fidèles et leurs pasteurs. Ces derniers ne sont plus maîtres chez eux : le laïcisme a envahi leur terrain. Tel laïque en effet tracera à l'épiscopat sa ligne de conduite ; un autre lui imposera le texte d'une protestation ou d'une pétition ; un troisième le traînera, à sa suite, au théâtre ou à l'hippodrome ; un quatrième enfin le fera parler quand il n'a rien dit. Enfin, ce qui est le comble, d'aucuns prétendent que les évêques eux-mêmes ne sont pas d'accord ; et que, si nous avons des évêques, nous n'avons pas d'épiscopat. Oyez plutôt. « Vous savez, écrit un journaliste, que tous nos évêques, successivement mandés à Rome, sont allés exprimer au Souverain Pontife leurs impressions et leurs sentiments sur la rupture du Concordat et sur la crise. D'après des renseignements que j'ai le droit de considérer comme très sûrs, l'épiscopat s'est montré fort divisé. Un petit nombre d'évêques, dont vous devinez les noms, — toujours les mêmes, — ont formulé l'avis que les catholiques ne devaient pas tomber dans le piège qui leur est tendu par la République... Ainsi a parlé la minorité. La majorité des évêques ont opiné dans un tout autre sens. Il n'en est pas moins vrai que ce désaccord des évêques prolonge le trouble des esprits. »

Il est de toute évidence, en effet, que nous ne saurions qu'être troublés, et profondément, par un tel désaccord, s'il existe, entre nos chefs. Mais voyons, mettons les choses au point. Si l'accord n'est pas unanime parmi les évêques, la faute n'en retombe-t-elle pas précisément sur les laïques, qui, en contestant à l'évêque la légitimité de son droit à intervenir, même au point de vue politique, dans la direction des consciences catholiques, l'ont mis par le fait même dans la plus fausse des positions ? Parle-t-il en effet : on ne l'écoute pas, on ne le suit pas ; se tait-il : on lui fait un crime de son silence. De là, par une aberration

singulière, et que nous soupçonnons fortement
d'être inspirée par l'ennemi, on en arrive à
admettre des dictinctions d'un épiscopat fidèle
et d'un autre schismatique, à établir des caté-
gories. On se murmure des noms ; on donne
des notes, l'un est ceci, l'autre cela ; on pres-
sent des mesures ; on va même jusqu'à les pro-
voquer, les indiquer, contre tel ou tel. Bref, on
met le malheureux épiscopat sur la claie. On a
totalement oublié que, d'après l'axiome, « personne ne doit être présumé mauvais, qu'il ne le
soit prouvé » et que Rome entend, par le fait
même qu'elle conserve leur siège aux évêques,
que, nous, fidèles, nous leur conservions aussi
l'affection, l'honneur et la déférence auxquels
ils ont droit. Ce sera bien assez, si les mauvais
jours de 93 reviennent jamais, de voir à ce moment quels seront ceux qui tiendront tête à
l'orage. En attendant, s'il en est de débiles ou
d'hésitants, donnons-leur du cœur par la confiance que nous paraîtrous mettre en eux ; et
n'affaiblissons pas, ne gênons pas, par d'in-
justes défiances, l'action même des plus solides.
C'est un point faible malheureusement chez
nous, Gaulois, de n'avoir pas confiance en nos
chefs, et de crier à la trahison, lorsqu'ils montrent quelque hésitation, basée bien souvent
sur des raisons que nous n'apercevons pas.

Les choses ainsi mises au point, il serait
maintenant puéril de nier qu'il y ait eu, sinon
un désaccord, au moins un certain flottement,
dans les directions qui nous ont été impri-
mées ; quelque hésitation même à montrer la
voie que nous devions suivre. A quoi cela a-t-
il tenu ?

A notre avis, cela a tenu surtout à la peur qu'on éprouvait de se tromper. On a renoncé à toute initiative, et on s'est contenté d'attendre des ordres. « Quand le Pape parlera, entend-on dire encore journellement, tout le monde obéira. » Cette parfaite obéissance est certainement très louable ; mais elle n'est peut-être pas très goûtée de Rome, qui préférerait un peu plus d'activité et un peu moins de passivité. Au lieu de la grandir en l'assurant, comme le Pharaon à Joseph, que « sans son ordre, personne dans toute la terre ne remuera pied ni main », nous inquiétons et nous embarrassons plutôt la Papauté, qui, sur une foule de questions fort complexes, aime mieux, dans un intérêt d'ordre général, se taire que de parler, laissant entendre, par son silence, qu'elle approuve implicitement ce qu'elle ne peut recommander formellement.

Une autre cause de nos hésitations réside encore dans les divergences d'interprétation des Instructions pontificales. L'un prétendait y voir ici, alors qu'un autre soutenait y avoir trouvé tout le contraire. Un concile national qui eût uni tous les évêques entre eux sur la manière dont devaient être comprises les intentions de Rome, aurait fait cesser par là même les discussions qui troublaient la masse des fidèles. Mais à quoi sert-il maintenant de récriminer ? Laissons le passé au passé, ou plutôt servons-nous de l'expérience qu'il a dû nous laisser, pour nous préparer un meilleur avenir.

Il est donc nécessaire d'envisager, dès maintenant, les questions sur lesquelles nous pourrions risquer de nous diviser, à la grande joie de nos ennemis et à notre plus grand désavantage. Ces questions sont : la Séparation de l'Eglise et de l'Etat, et la Résistance à l'oppression.

Du Ralliement à la République, nous ne dirons rien, sinon qu'il n'existe plus qu'à l'état de question purement spéculative. Voici en effet ce que nous pouvons lire, aujourd'hui même — 15 juillet 1905 — dans un journal catholique :

La séparation de l'Eglise et de l'Etat, officiellement proclamée par la Chambre des députés, vient de produire en Lorraine un premier résultat : C'est d'affranchir nos vaillants compatriotes de l'erreur républicaine...

Le journal cite ensuite la *Semaine religieuse* de Nancy, qui dit :

La République, que tant de catholiques pouvaient admettre en principe, jusqu'au jour où elle a attaqué les religieux, se rend définitivement odieuse et s'empoisonne par ses propres produits. Nos gouvernants tuent un régime qu'ils ont gâté peu à peu, s'ils ne mènent pas la France aux abîmes.

On voit maintenant où nous ont conduits ceux qui ont fabriqué les prétendues directions pontificales : à la concession perpétuelle qui a annihilé les forces catholiques. Nous nous permettons de penser, comme beaucoup d'autres qui ont entendu Léon XIII, que le prédécesseur de Pie X n'a jamais dit tout ce qu'on lui a prêté sur un système de reculades qui devait être fatal à l'Eglise de France. Il faut que, la lumière étant faite désormais, nous n'hésitions plus à ne rien donner à César, si César n'a plus droit à rien, et à garder tous nos services pour Dieu que César persécute.

Puis, la *Croix* de Meurthe-et-Moselle, dont

l'article est encore plus explicite. En voici des extraits :

La Chambre des députés de la République française a voté la semaine dernière la Séparation de l'Eglise et de l'Etat.

La République se sépare officiellement de l'Eglise catholique, apostolique et romaine.

Nous, catholiques, nous nous séparons de la République française.

Désormais, il n'y a rien de commun entre elle et nous, et si, pour achever la cassure, la violence est nécessaire, allons-y.

La République veut la guerre. Elle l'aura.

Mieux vaut la bataille que la mort, car se battre c'est encore vivre.

En avant donc ! la République est notre ennemie. A bas la République !

Voilà ce qui peut s'appeler un enterrement de première classe pour ce pauvre ralliement. Ne nous en plaignons pas ! Venons maintenant à la question de la séparation de l'Eglise et de l'Etat.

S. S. le Pape Léon XIII s'est expliqué d'une manière remarquablement claire sur ce sujet, dans sa lettre au clergé de France. Voici ce qu'il disait :

« Nous ne tiendrons point le même langage, sur l'autre point, concernant le principe de la séparation de l'Eglise et de l'Etat, ce qui équivaut à séparer la législation humaine de la législation chrétienne et divine. Nous ne voulons pas nous arrêter à démontrer ici tout ce qu'a d'absurde la théorie de cette séparation ; chacun le comprendra lui-même. Dès que l'Etat refuse de donner à Dieu ce qui est à Dieu, il refuse, par une conséquence nécessaire, de donner aux citoyens ce à quoi ils ont droit comme hommes ; car, qu'on le veuille ou non, les vrais droits de l'homme naissent précisément de ses devoirs envers Dieu. D'où il suit que l'Etat, en manquant, sous ce rapport, le but principal de son institution, aboutit en réalité à se renier lui-même et à démentir ce qui est la raison de sa propre existence... Les catholiques, en conséquence, ne sauraient trop se garder de soutenir une telle séparation. En effet, vouloir que l'Etat se sépare de l'Eglise, ce serait vouloir, par une conséquence logique, que l'Eglise fût réduite à la liberté de vivre *selon le droit commun* à tous les citoyens.

« Cette situation, il est vrai, se produit dans certains pays. C'est une manière d'être qui, si elle a de nombreux et de grands inconvénients, offre aussi quelques avantages, surtout quand le législateur, par une heureuse inconséquence, ne laisse pas que de s'inspirer des principes chrétiens ; et ces avantages, bien qu'ils ne puissent justifier le faux principe de la séparation, ni *autoriser à le défendre*, rendent cependant digne de tolérance un état de choses qui, pratiquement, n'est pas le pire de tous.

« Mais en France, nation catholique par ses traditions et par la foi présente de la grande majorité de ses fils, l'Eglise ne doit pas être mise dans la situation précaire qu'elle subit chez d'autres peuples. Les catholiques peuvent d'autant moins préconiser la séparation, qu'ils connaissent mieux les intentions des ennemis qui la désirent. Pour ces derniers, et ils le disent assez clairement, cette séparation, c'est l'indépendance entière de la législation politique envers la législation religieuse ; il y a plus, c'est l'indifférence absolue du pouvoir à l'égard de la société chrétienne, c'est-à-dire de l'Eglise, et la négation même de son existence. — Ils font cependant une réserve qui se formule ainsi : Dès que l'Eglise, utilisant les ressources que le droit commun laisse aux moindres des Français, saura, par un redoublement de son activité native, faire prospérer son œuvre, aussitôt l'Etat intervenant pourra et devra mettre les catholiques français hors du droit commun lui-même.

« Pour tout dire, en un mot, l'idéal de ces hommes serait le retour au paganisme : l'Etat ne reconnaît l'Eglise qu'au jour où il lui plaît de la persécuter. »

Mais à quoi bon discuter sur la non-opportunité de la séparation. A l'heure où nous écrivons ces lignes, elle est virtuellement accomplie. La Chambre a voté la loi de séparation, le Sénat l'adoptera sans nul doute, et le Président de la République ne fera aucune difficulté de la signer et de la promulguer. Qu'avons-nous donc à faire ?

Ici, qu'on ne s'étonne pas de nous voir émettre catégoriquement notre avis. Nous avons assez combattu le libéralisme pour ne pas tomber dans cette absurdité qui consiste à émettre une opinion, qu'on considère comme absolument vraie, tout en laissant au voisin la liberté d'en professer une autre diamétralement opposée. Nous disons, et jusqu'à preuve du contraire, nous croyons en cela être dans le vrai, nous disons donc qu'il est de notre devoir d'ignorer absolument la loi qu'on vient de nous voter. Nous sommes heureux d'ailleurs de n'être pas seul de notre avis.

« Si le Parlement , dit Mgr Delamaire, dans ses *Observations*, nous donne une loi d'agression contre l'Eglise ; une loi entachée de schisme et d'injustice spoliatrice ; une loi de dédain et de malveillance pour la foi chrétienne ; notre ligne de conduite est tracée d'avance, nous n'aurons qu'à *ignorer totalement* cette loi. »

Nous pensons absolument la même chose. Et nous ajoutons que nous combattrons de toutes nos forces quiconque sera d'un avis contraire, à moins que l'Autorité suprême du Siège apostolique ne décide qu'on doive penser autrement.

On nous dira qu'avec cette intransigeance, nous appelons sur nous toutes les foudres de la persécution. — Parfaitement ! Nous n'avons jamais pensé qu'il en pût être autrement. Aussi comme toute tyrannie a des bornes, qu'on nous permette d'exposer ce que le Pape nous a enseigné sur ce sujet, qui deviendra bientôt de toute actualité : la Résistance à l'oppression.

Voyons :

1° *Ce qu'enseigne l'Eglise sur l'origine du pouvoir* :

« Ce qui réunit les hommes pour les faire vivre en société, c'est la loi de la nature ; ou, plus exactement, la volonté de Dieu, auteur de la nature ; c'est ce que prouvent avec évidence et le don du langage, instrument principal des relations qui fondent la société, et tant de désirs qui naissent avec nous, et tant de besoins de premier ordre qui resteraient sans objet dans l'état d'isolement, mais qui trouvent leur satisfaction dès que les hommes se rapprochent et s'associent entre eux. D'autre part, cette société ne peut ni subsister ni même se concevoir, s'il ne s'y rencontre un modérateur pour tenir la balance entre les volontés individuelles, ramener à l'unité ces tendances diverses et les faire concourir aussi par leur harmonie à l'unité commune. D'où il suit que Dieu a certainement voulu dans la société civile une autorité qui gouvernât la multitude. — Mais voici une autre considération d'un grand poids; ceux qui administrent la chose publique doivent pouvoir exiger l'obéissance dans des conditions telles que le refus de soumission soit pour les sujets un péché. Or, il n'est pas un homme qui ait en soi ou de soi ce qu'il faut pour enchaîner par un lien de conscience le libre vouloir de ses semblables. Dieu seul, en tant que créateur et législateur universel, possède une telle puissance ; ceux qui l'exercent ont besoin de la recevoir de lui et de l'exercer en son nom. « Il n'y a qu'un seul législateur et un seul juge qui puisse condamner et absoudre (1). » Ceci est vrai de toutes les formes du pouvoir... « Partout où l'on retrouve un commandement, une autorité quelconque, c'est à la même source, en Dieu, seul artisan et seul maître du monde, qu'il en faut chercher le principe (2). »

Et plus loin : « Le pacte dont on se prévaut

(1) Saint Jacques, IV, 12.
(2) Encycl. *Diuturnum*.

(contrat social) est une invention et une chimère ; et, fût-il réel, il ne donnerait jamais à la souveraineté politique la mesure de force, de dignité, de stabilité que réclament et la sûreté de l'Etat et les intérêts des citoyens. Le pouvoir n'aura cet éclat et cette solidité qu'autant que Dieu apparaîtra comme la source auguste et sacrée d'où il émane. »

Il ne faudrait pas en inférer de là que toute puissance, quelle qu'elle soit, vient de Dieu. Le diable est une puissance, il ne vient pas de Dieu ; Robespierre fut une puissance, il n'était pas de Dieu : c'était un tyran. Une proposition, entendue dans le sens exposé plus haut, serait un blasphème contre la sainteté de Dieu et une injure au bon sens. Ce qu'on doit dire, c'est qu'il n'y a point de puissance, quand elle ne tire son origine de Dieu, c'est-à-dire, que tout pouvoir, pour être un pouvoir légitime, doit venir de Dieu. C'est ce qui est mis en lumière par Sa Sainteté Léon XIII

« Nos contemporains prétendent que tout pouvoir vient du peuple. C'est en quoi les catholiques se séparent de ceux-là et vont chercher en Dieu le *droit* de commander et le font dériver de là comme de sa source naturelle et de son nécessaire principe. » Encyclique *Diuturnum* sur l'origine du pouvoir. — Nous avons vu d'où le pouvoir prend sa source, voyons maintenant :

2° Quelle est la fin, la raison d'être du pouvoir ?

« Le pouvoir civil est le soutien de l'ordre public. » Encycl. *Diuturnum*. Tout gouvernement est bon « pourvu que ce gouvernement soit juste et appliqué au *bien commun* ». Encycl. *Diuturnum*.

« Chacune d'elles (des formes de gouvernement) est bonne pourvu qu'elle sache marcher droit à sa fin, c'est-à-dire le bien commun, pour lequel l'autorité sociale est constituée. » Encycl. au clergé de France, 16 février 1892.

« La raison de cette acceptation (de telle ou telle forme de gouvernement) c'est que le bien commun de la société l'emporte sur tout autre intérêt ; car il est le principe créateur, il est l'élément conservateur de la société humaine ; d'où il suit que tout citoyen doit le vouloir et le procurer à tout prix. » Encycl. aux cardinaux français, 3 mai 1892.

Maintenant en quoi consiste le bien commun ?

Il est *spirituel* et *temporel*, d'après la nature même de l'homme qui est composé d'une âme et d'un corps. Si la fin prochaine et immédiate de la société est le bien temporel, sa fin dernière ne peut être que le bien suprême, éternel et infini, c'est-à-dire Dieu. Ecoutons parler Léon XIII.

« L'homme, dit-il, est né pour vivre en société, car, ne pouvant dans l'isolement, ni se procurer ce qui est nécessaire et utile à la vie, ni acquérir la perfection de l'esprit et du cœur, la Providence l'a fait pour s'unir à ses semblables, en une société tant domestique que civile, seule capable de fournir tout ce qu'il faut à la perfection de l'existence. » Encycl. *Immortale Dei*, 1er novembre 1885.

« Tous tant que nous sommes, en effet, nous sommes nés et élevés en vue d'un bien suprême et final auquel il faut tout rapporter, placé qu'il est aux cieux, au delà de cette fragile et courte existence. Puisque c'est de cela que dépend la complète et parfaite félicité des hommes, il est de l'intérêt suprême de chacun d'atteindre cette fin. Comme donc la société civile a été établie pour l'utilité de tous, elle doit, en favorisant la prospérité publique, pourvoir au bien des citoyens de façon non seulement à ne mettre aucun obstacle, mais à amener toutes les facilités possibles à la poursuite et à l'acquisition de ce bien suprême et immuable auquel ils aspirent eux-mêmes. La première de toutes consiste à faire respecter la sainte et inviolable observance de la religion, dont les devoirs unissent l'homme à Dieu. » Encycl. *Immortale Dei.*

De quels moyens le législateur dispose-t-il pour assurer le bien commun ?

De la loi, qui est, dit S. S. Léon XIII, « une prescription ordonnée, selon la raison, et promulguée, pour le bien de la communauté, par ceux qui ont reçu à cette fin le dépôt du pouvoir. » Encycl. au clergé de France.

Or, « la loi naturelle n'est autre chose que la loi éternelle gravée chez les êtres doués de raison et les inclinant vers l'acte et la fin qui leur conviennent, et celle-ci n'est elle-même que la raison éternelle du Dieu créateur et modérateur du monde ». Encycl. *Libertas præstantissimum.*

Et : « Ce que la raison et la loi naturelle font pour les individus, la loi humaine promulguée pour le bien commun des citoyens l'accomplit pour les hommes vivant en société. » Idem.

De ce qui précède, on doit conclure que le pouvoir civil tire toute son autorité sur les hommes, de Dieu, — dont il est comme le mandataire, — afin que, comme Dieu conduit les êtres privés de raison par des lois néces-saires vers leur fin naturelle, ainsi le pouvoir conduise les êtres raisonnables, vivant en so-ciété, par des lois, fondées sur la raison éter-nelle, vers leur fin qui est le bien suprême.

Ainsi établi, le pouvoir est inviolable, *s'il est fidèle à son mandat*. En effet :

« Dans un Etat qui s'abrite sous ces principes tutélaires, il n'y a plus de prétexte pour moti-ver les séditions, plus de passion pour les allu-mer : tout est en sûreté, l'honneur et la vie des chefs, la paix et la prospérité des cités. » En-cycl. *Diuturnum*.

Il doit être respecté et obéi : « Inutile de rap-peler que tous les individus sont tenus d'accep-ter ces gouvernements, et de ne rien tenter pour les renverser, ou en changer la forme. De là vient que l'Eglise, gardienne de la plus vraie et la plus haute notion sur la souverai-neté politique, puisqu'elle la fait dériver de Dieu, a toujours réprouvé les doctrines et tou-jours condamné les hommes rebelles à l'auto-rité légitime. » Encycl. au clergé de France.

Ce dernier mot attire notre attention sur une troisième question.

3° *N'est-il jamais permis de renverser un gou-vernement ou d'en changer la forme ?*

Plusieurs cas se présentent :

1ᵉʳ Cas. — L'Etat, « excédant témérairement dans l'exercice de son pouvoir », édicte des lois contraires « à la loi divine ou naturelle », tout en sauvegardant, par ailleurs, « l'ordre et la tranquillité » dans la nation.

Dans ce cas, il est défendu de s'insurger contre l'Etat ; mais, il n'est pas permis, non plus, de lui obéir, dans les lois qui blessent la conscience.

« S'il arrive cependant aux princes d'excéder témérairement dans l'exercice de leur pouvoir, la doctrine catholique ne permet pas de s'insurger de soi-même contre eux, de peur que la tranquillité de l'ordre ne soit de plus en plus troublée, et que la société n'en reçoive un plus grand dommage. Et, lorsque l'excès en est venu au point qu'il ne paraisse plus aucune autre espérance de salut, la patience chrétienne apprend à chercher le remède dans le mérite et dans d'instantes prières auprès de Dieu. Que si les ordonnances des législateurs et des princes sanctionnent ou commandent quelque chose de contraire à la loi divine ou naturelle, la dignité du nom chrétien. le devoir et le précepte apostolique proclament. qu'il faut obéir à Dieu plutôt qu'aux hommes. » Encycl. *Quod apostolici.* 28 déc. 1878.

Et ailleurs :

« Supposons donc une prescription d'un pouvoir quelconque qui serait en désaccord avec les principes de la droite raison et avec les intérêts du bien public ; elle n'aurait aucune force de loi ; parce que ce ne serait pas une règle de justice et qu'elle écarterait les hommes du bien pour lequel la société a été formée. » Encycl. *Libertas præstantissimum.*

En effet : « Dans l'ordre politique et civil, les lois ont pour but le bien commun, dictées non par la volonté et le jugement trompeur de la foule, mais par la vérité et la justice. » Encycl *Immortale Dei.*

C'est pourquoi :

« Les chrétiens entourent d'un respect religieux la notion du pouvoir... ils se croient tenus de respecter les lois.... Mais, si les lois de l'Etat sont en contradiction ouverte avec la loi divine, si elles renferment des dispositions préjudiciables à l'Eglise, ou des prescriptions contraires aux devoirs imposés dans la religion ; si elles violent, dans le Pontife Suprême, l'autorité de Jésus-Christ, dans tous ces cas, il y a obligation de résister, et *obéir serait un crime* dont les conséquences retomberaient sur l'Etat lui-même. Car, l'Etat subit le contre-coup de toute offense faite à la religion. » Encycl. *Sapientiæ Christianæ*, 10 janvier 1890.

Et encore : « Il n'existe qu'une seule raison valable de refuser l'obéissance ; c'est dans le cas d'un précepte manifestement contraire au droit naturel ou divin, car où il s'agirait d'enfreindre soit la loi naturelle, soit la volonté de Dieu, le commandement et l'exécution seraient également criminels. » Encycl. *Diuturnum*.

Mais la résistance à opposer doit être passive seulement :

« Que si le chrétien recevait un ordre immoral, comme de fouler aux pieds la loi de Dieu ou de tourner son épée contre d'innocents adorateurs de Jésus-Christ, alors seulement il refusait d'obéir ; mais alors aussi il préférait déposer les armes et subir la mort pour sa religion plutôt que de donner à sa résistance le caractère d'une sédition ou d'une attaque à l'autorité publique. » Même encyclique.

On le voit, la raison que le Pontife apporte pour défendre dans ce cas la résistance active à l'oppression, résistance qui est pourtant un droit naturel, puisque nos législateurs de la Révolution l'ont inscrite dans la Déclaration des Droits de l'homme, c'est qu'il faut conserver « *le bien commun et la tranquillité publique* » qui sont, à ses yeux « *le criterium suprême* ». Lettre aux cardinaux français.

2ᵐᵉ Cas. — Le pouvoir, non seulement édicte des lois mauvaises, mais il compromet « le bien commun et la tranquillité publique » en s'attaquant aux « bases mêmes de la société », comme ferait par exemple le socialisme, s'il était au pouvoir.

Dans le cas présent qui ne diffère du suivant qu'en ce que l'anarchie est « organisée » et obéit en quelque sorte à une direction, voici ce qu'enseigne le Pontife :

« Les partisans du Libéralisme qui, en même temps qu'ils attribuent à l'Etat un pouvoir despotique et sans limites, proclament qu'il n'y a aucun compte à tenir de Dieu dans la conduite de la vie, ne reconnaissent pas du tout cette liberté dont Nous parlons et qui est unie intimement à l'honnêteté et à la liberté ; et ce qu'on fait pour la conserver, ils l'estiment fait à tort et contre l'Etat. S'ils disaient vrai, il n'y aurait pas de domination si tyrannique qu'on ne dût accepter et subir. » Encycl. *Libertas præstantissimum.*

Que peut-on faire alors ?

« Quand on est sous le coup ou sous la menace d'une domination qui tient la société sous la pression d'une violence injuste, ou prive l'Eglise de sa liberté légitime, il est permis (*fas est*) de chercher une autre organisation politique, sous laquelle il soit possible d'agir avec liberté. Alors en effet, ce que l'on revendique ce n'est pas cette liberté sans mesure et sans règle, mais c'est un certain allègement, en vue du salut de tous ; et ce que l'on cherche uniquement, c'est d'arriver à ce que, là où toute licence est donnée au mal, le pouvoir de faire le bien ne soit pas entravé. » Encycl. *Libertas præstantissimum.*

Dans le cas présent, en effet, cette tyrannie intérieure peut être assimilée à une oppression étrangère.

« L'Eglise ne condamne pas non plus que l'on veuille affranchir son pays, ou de l'étranger ou d'un despote, pourvu que cela puisse se faire sans violer la justice. » Même encyclique.

Ce qui justifie alors, aux yeux de l'Eglise, la résistance à l'oppression injuste, c'est que : « Il faut, la nature même le crie, il faut que la société donne aux citoyens les moyens et les facilités de passer leur vie selon l'honnêteté, c'est-à-dire, selon les lois de Dieu, puisque Dieu est le principe de toute honnêteté et de toute justice ; il répugnerait donc absolument que l'Etat pût se désintéresser de ces mêmes lois,... ou même aller contre elles en quoi que ce soit. » Même encyclique.

Car :

« L'homme a dans l'Etat le *droit* de suivre, d'après la conscience de son devoir, la volonté de Dieu, et d'accomplir ses préceptes sans que rien puisse l'en empêcher. Cette liberté, la vraie liberté, la liberté digne des enfants de Dieu, qui protège si glorieusement la dignité de la personne humaine, est au-dessus de toute violence et de toute oppression, elle a toujours été l'objet des vœux de l'Eglise et de sa particulière affection. »

En résumé, si l'Etat veut enlever à toute la nation la notion de Dieu et réduire les citoyens à vivre, ainsi que disent nos paysans, « comme des animaux », le simple bon sens indique que, dans ce cas, il faut *s'opposer de toutes ses forces* à une si criminelle folie, car elle n'aboutirait à rien moins qu'à ébranler la société jusqu'en ses fondements, et à compromettre l'existence même de la nation. Et ici, une distinction s'impose. Dans un empire païen, les chrétiens, quelle que soit l'injuste tyrannie qu'on fasse peser sur eux, ont le devoir, en face d'un commandement contraire à leur foi, de se laisser égorger plutôt que d'opposer la violence à la violence, et cela à cause du bien commun, de la tranquillité publique si, par ailleurs, le prince s'applique à les sauvegarder. Et cela se comprend d'autant plus que cette persécution procède souvent de l'ignorance ou des préjugés : « le pouvoir, dans ce cas, s'imaginant, comme le disait Notre-Seigneur, rendre un hommage à Dieu » en poursuivant de sa haine ceux qu'il regarde comme les ennemis de l'empire et les perturbateurs du repos public. Il en va tout autrement dans un pays chrétien. Là, ceux qui, par des machinations habiles, sont parvenus « à s'emparer des affaires et à mettre la main sur le gouvernail des Etats », n'ont été et ne seront jamais que « des perturbateurs de l'ordre public et des usurpateurs de l'autorité légitime » tant qu'ils n'auront pas pour but, dans la gestion des affaires dont ils

se sont emparés, « le bien commun, but suprême qui donne son origine à la société humaine » et qu'ils n'assureront pas, à tous et à
chacun, le moyen de parvenir à la fin qui leur
est propre. Que s'ils se conforment, dans l'exercice du pouvoir, à « la règle éternelle, à la
droite raison », inspiratrice des lois, alors possession leur vaut titre, et « les accepter comme
gouvernement n'est pas seulement permis,
mais réclamé, voire même imposé par la nécessité du bien social » d'autant plus que
« l'insurrection attire la haine entre citoyens,
provoque les guerres civiles et peut rejeter la
nation dans le chaos de l'anarchie. Et ce grand
devoir de respect et de dépendance persévérera
tant que les exigences du bien commun le de-
manderont, puisque ce bien est, après Dieu,
dans la société, la loi première et dernière (1) ».
Mais s'ils n'ont pris le pouvoir qu'afin « *d'adapter plus commodément les lois à leurs pernicieuses
doctrines* » et « s'ils favorisent à ce point la
licence des opinions et des actions coupables
que l'on puisse impunément détourner les
esprits de la vérité et les âmes de la vertu (2),
dans ce cas, il est à « craindre qu'ils ne
viennent à démolir les fondements mêmes que
la nature a donnés à l'édifice social (3) » et en
conséquence « tous les citoyens sont tenus de
s'allier pour maintenir dans la nation le
sentiment religieux vrai, et pour le défendre
au besoin, si jamais une école athée, en dépit
des protestations de la nature et de l'histoire,

(1) Encyclique au clergé de France.
(2) Encyclique *Immortale Dei.*
(3) Encycl. *Sapientiæ christianæ.*

s'efforçait de chasser Dieu de la société, sûre par là d'anéantir le sens moral au fond même de la conscience humaine. Sur ce point entre hommes qui n'ont pas perdu la notion de l'honnête, aucune dissidence ne saurait exister ». Encycl. au clergé de France.

De ce qui précède, pour qui réfléchit bien, il ressort avec évidence que l'Eglise n'approuve formellement ni ne condamne aucune forme de gouvernement. Elle y est « *indifférente* », comme le dit le Souverain Pontife, en maints passages de ses encycliques. Et cette indifférence procède de sa constitution même. Etant « société parfaite », elle ne peut s'inféoder à tel ou tel parti, ni s'attacher à telle ou telle cause. Elle « laisse le temps, ce grand transformateur de tout ici-bas, opérer dans les institutions politiques de profonds changements (1) ». Pour elle, qui « a reçu de son fondateur tout ce qu'il faut pour poursuivre sa mission divine à travers l'océan mobile des choses humaines », elle fait « abstraction des ·formes qui différencient » les gouvernements qu'elle a devant elle, « pour traiter avec eux les grands intérêts religieux des peuples, sachant qu'elle a le devoir d'en prendre la tutelle, au-dessus de tout intérêt ». Et c'est justement parce qu'elle a la tutelle, ici-bas, des droits de la vérité, de l'honnêteté et de la justice qu'elle ordonne à ses enfants de ne jamais laisser péricliter ni succomber ces intérêts primordiaux.

3º Cas. — A force de favoriser la licence des « opinions et des actions coupables », le pou-

---

(1) Encycl. au clergé de France.

voir ayant « répudié la raison suprême et éternelle d'un Dieu nous imposant ses ordres ou ses défenses » a vu par là même « se briser la force des lois et son autorité se réduire à l'impuissance ». Il en est résulté « une perturbation, une lutte sans trêve, chacun se mettant en guerre soit pour défendre ce qu'il a, soit pour acquérir ce qu'il convoite (1) ». En un mot, c'est l'anarchie. « L'ordre public est bouleversé jusque dans ses fondements. »

Dans ce cas, « une nécessité sociale s'impose à la nation ; elle doit sans retard pourvoir à elle-même. Comment n'aurait-elle pas le droit, et plus encore le *devoir* de se défendre contre un état de choses qui la trouble si profondément, et de rétablir la paix publique dans la tranquillité de l'ordre ? (2) »

Ceci est de toute évidence. Quand des malfaiteurs cherchent à vous faire brûler dans votre maison, le plus vulgaire bon sens commande qu'on s'y oppose, et qu'on les mette hors d'état de nuire.

Nous croyons avoir suffisamment élucidé cette grave question sur laquelle la division peut se mettre si facilement dans les esprits, ou dont l'ignorance peut conduire quelques-uns aux plus regrettables excès, et d'autres aux plus funestes négligences. Nous l'avons fait avec liberté, mais aussi avec la plus entière loyauté, ayant à cœur de ne nous appuyer que sur des arguments indiscutés.

Terminons cette étude sur la nécessité de la

(1) Encycl. *Exeunte jam anno.*
(2) Au clergé de France.

discipline par ces paroles du Souverain Pontife, admirable résumé de tout ce qui peut être dit sur cette question :

« Il faut de toute nécessité l'accord des volontés et la conformité d'action. Nos ennemis, en effet, ne désirent rien tant que les dissensions entre catholiques ; à ceux-ci de bien comprendre combien il leur importe souverainement d'éviter les dissentiments et de se souvenir de la divine parole : Tout royaume divisé contre lui-même sera désolé. Si, pour conserver l'union, il est parfois nécessaire de renoncer à son sentiment et à son jugement particulier, qu'on le fasse volontiers en vue du bien commun. Que les écrivains n'épargnent aucun effort pour conserver en toutes choses cette concorde des esprits ; que chacun préfère l'intérêt de tous à son propre avantage ; qu'ils soutiennent les œuvres commencées pour le bien commun ; que leur règle soit de se soumettre avec piété filiale aux évêques que l'Esprit-Saint a posés pour régir l'Eglise de Dieu ; qu'ils respectent leur autorité, et qu'ils n'entreprennent rien sans leur volonté ; car dans les combats pour la religion, ils sont les chefs qu'il faut suivre. » Encycl. *Nobilissima Gallorum gens*, 8 février 1884.

C'était très clair, très sage, pourquoi donc ce conseil n'a-t-il pas porté ses fruits ? La raison nous en est donnée dans un tout petit passage de l'Encyclique *Sapientiæ christianæ* : « Voilà pourquoi », dit cette encyclique, « dans le gouvernement politique, on est souvent obligé de recourir à la force, afin d'opérer une certaine union parmi ceux dont les esprits sont en désaccord. »

Pour nous, en effet, gaulois braves mais bavards ; entreprenants, mais divisés sur la manière d'exécuter nos entreprises ; il faut un chef ; il faut des ordres, et non des conseils. La religion, toute divine qu'elle soit, revêt un caractère différent selon le tempérament du peuple qui l'a reçue. Chez les Belges, chez les Allemands, l'union s'est faite toute seule ; parce que l'esprit d'entente, d'association, leur est naturel. Chez nous, où chacun est possédé du désir d'entraîner le voisin à ses propres idées, il faut une main, encore plus qu'une tête, pour nous conduire. Le peuple de l'univers le plus fier de sa liberté est celui qui se laisse mener le plus facilement, à la condition qu'il sente de la force dans l'autorité.

Ce qu'il nous faut donc avant tout, c'est, premièrement, l'unanimité dans l'épiscopat, unanimité qui ne s'obtiendra que par un Concile national ; c'est, secondement, une parole claire, brève et impérieuse du Pape qui ne laisse place à aucun doute, à aucune tergiversation, à aucune mauvaise volonté.

§ III. — *Le zèle.*

Le zèle, c'est le bouillonnement, l'éruption de la vie intellectuelle et morale : selon qu'il domine ou qu'il languit, il indique un progrès ou un ralentissement dans l'amour de la vertu et dans l'estime de la vérité.

Or, l'Eglise, recevant de son Chef « le Christ » un influx de force vitale tel qu'aucune autre société politique ou religieuse n'en a jamais présenté de semblable, n'a pas cessé, depuis son établissement, d'offrir au monde le spectacle d'une admirable efflorescence d'œuvres diverses, indices de son zèle pour la gloire de son Maître et le salut des âmes qu'Il lui a confiées. Sous ce rapport, le XIX° siècle n'a pas été inférieur aux siècles qui l'ont précédé ; il nous semble même qu'il les a dépassés. On peut l'attribuer à deux causes : la première, l'évolution qui s'est produite au sein de la société civile, et qui, en révélant des besoins nouveaux, appelait par là des organes nouveaux ; la seconde, la compression exercée par le pouvoir civil sur l'Eglise, dont l'activité, ne trouvant plus ses anciennes issues, dans la direction souveraine des peuples, a dû se donner jour en des œuvres de bienfaisance privée, profitables surtout aux individus. En un mot, l'Eglise a préféré être la bienfaitrice des peuples que leur dominatrice. Ce faisant, son rôle semblait rentrer davantage dans la conception que s'en était formée le monde moderne.

A-t-elle eu tort ou raison ? — L'Eglise, en tant qu'Eglise, ne saurait évidemment avoir tort ; mais les fidèles qui la composent, en tant que fidèles, sont parfaitement sujets à l'erreur. Or, l'Eglise, en tant qu'Eglise, a toujours parlé par la bouche de ses pontifes ; et ceux-ci, en même temps qu'ils exhortaient les fidèles aux œuvres de charité, n'ont jamais manqué de revendiquer, au nom de la vérité, les droits qu'ils tenaient du Christ, Fils de Dieu, à la direction suprême des peuples ; tandis que les fidèles, ne prêtant qu'une oreille distraite à des revendications qu'ils estimaient surannées, se sont jetés à corps perdu dans l'exercice de la charité qui, si elle demande plus d'argent, n'exige pas autant de virilité que la lutte pour la vérité.

Les conséquences de cette tactique libérale ont été peut-être longues à se faire sentir ; mais enfin elles éclatent maintenant à tous les yeux, par l'écrasement brutal de nos œuvres. Que n'a-t-on médité plus tôt ce sage avis de l'Evangile : « Lorsque le fort armé garde l'entrée de sa maison, ce qu'il possède est en sécurité. » Faute de l'avoir compris, et surtout d'y avoir conformé notre conduite, voici ce qui est arrivé : « Mais si un plus fort que lui survient et triomphe, il emportera toutes ses armes, dans lesquelles il se confiait, et il distribuera ses dépouilles (1). » C'est ce qu'a fait la Franc-Maçonnerie. « Partout où elle pose le pied », disait en parlant d'elle le pape Léon XIII, dans son encyclique *Præclara gratulationis*, du 20 juin 1894, « elle se glisse dans toutes les classes et toutes les institutions de l'Etat, pour arriver, s'il était possible, à se constituer souverain arbitre de toutes choses. » Souverain arbitre de toutes choses ! nous nous en apercevons, mais trop tard. Le libéralisme accordait sottement à la Franc-Maçonnerie, pour le mal, le droit de direction qu'il aurait rougi de reconnaître à l'Eglise, pour le bien.

D'un autre côté, des catholiques, non libé-

(1) Saint Luc., ch. xi, v. 21 et 22.

raux, mais seulement un peu naïfs, ont cru que les œuvres, c'était là toute l'Eglise. Aussi ont-ils consenti à toutes les reculades, avalé toutes les soumissions, pourvu qu'on leur laissât l'espoir de conserver soit une école, soit un hospice. Pauvres gens ! c'était reculer pour mieux sauter. Cela aurait eu du bon, si l'ennemi avait consenti à marquer la limite où il s'arrêterait. Cette limite, hélas ! c'est, dans ses intentions, notre *anéantissement*. Il ne s'arrêtera que quand nous ne serons plus. Qu'on se le dise bien.

De ce que nous venons de dire, il ressort avec une lumineuse évidence que notre principal souci doit être désormais, non de conserver nos œuvres, mais de reconquérir ce qui les conservera : *le pouvoir*.

Deux armes nous restent encore pour cela : la parole et l'écrit, en attendant que, venant elles-mêmes à nous être enlevées, nous soyons forcés de recourir à une troisième : *l'ultima ratio* du désespoir.

1° *La Parole*. — La parole est publique ou privée. Nous allons la considérer sous ces deux aspects.

§. — *La Parole publique.*

C'est l'arme par excellence. Elle ne se perd guère qu'avec la vie. Saint André ne parlait-il pas encore à la foule du haut de sa croix ? L'Evangile, d'autre part, qu'est-ce autre chose qu'une « Bonne Parole » ? « Comment l'invo-

queront-ils (le nom du Seigneur) », se demande
l'Apôtre, « s'ils ne croient point en lui ? Et
comment croiront-ils en lui, s'ils n'en ont point
entendu parler ? Et comment en entendraient-
ils parler, si personne ne le leur prêche ?... La
foi vient donc de l'audition, et l'audition est
donnée par la parole du Christ (1). » L'Eglise a
été fondée par la parole, car il ne nous est
point dit que le Christ ait écrit, tandis qu'il
s'annonce lui-même comme « envoyé pour prêcher » (saint Luc., IV, 19) et qu'il recommande
à ses apôtres « d'aller prêcher par toute la
terre ». Or, cette parole doit être publique. « Ce
qu'on vous aura dit à l'oreille, prêchez-le sur
les toits » (saint Matth., x, 27) ; elle doit même
constituer un « témoignage » (Act. IV, 33) en
faveur du Christ et de la vérité de sa doctrine ;
elle doit se faire entendre, non seulement
dans les assemblées des fidèles, mais sur les
places, aux carrefours, parmi la foule des infi-
dèles, et jusque sur les marches des prétoires.
C'est l'arme libre, indépendante, infrangible,
car, dit saint Paul, « le verbe n'est pas en-
chaîné ».

L'Eglise a reçu cette arme des mains de son
divin fondateur avec ordre de s'en servir
« pour arracher et pour détruire, pour perdre
et pour dissiper, pour édifier et pour planter »
(Jérémie, 1, 10). S'en est-elle servie ?

Sur ce point, la réponse ne peut être qu'affir-
mative. L'enseignement divin n'a jamais cessé
de nous être donné ; jamais le pain de la parole
n'a manqué d'apôtres pour le distribuer. Des

______

(1) Aux Rom., ch. x, v. 14 et 17.

grandes chaires de nos cathédrales comme de la tribune rustique de nos églises de campagne, la rosée de la parole sainte n'a pas été un seul jour sans tomber sur des cœurs... bien préparés ; car, maintenant comme jadis, il n'y a que « celui qui opère la vérité pour venir à la lumière », tandis que celui « qui agit mal, hait la lumière qui manifesterait ses œuvres mauvaises » (saint Jean, III, 20, 21). Et c'est pourquoi, le plus souvent, nous n'avons fait qu'enfoncer des portes ouvertes, et que dépenser les trésors de notre éloquence à convaincre des convaincus. Il aurait fallu que notre parole fût non seulement une apologie de la vérité, mais encore une charge à fond contre l'erreur et contre le vice. L'erreur craint les coups, craint la lumière, et elle a raison, c'est son intérêt ; mais c'est le nôtre aussi de la poursuivre ; de la faire sortir de ses ténébreuses retraites ; de lui faire confesser sa faiblesse ; de la forcer enfin à s'agenouiller devant la vérité. Ce que nous disons de l'erreur, s'applique également au vice. Et ici qu'on nous permette de regretter que les ministres de l'Evangile n'aient pas été aussi hardis qu'un laïque, M. Piot, pour combattre ouvertement, et pour dénoncer publiquement, cet abus infâme qui, après avoir dépeuplé nos églises, ne vise à rien moins qu'à dépeupler la France : l'onanisme conjugal, crime de lèse-nature et de lèse-patrie. Le bon Dieu n'a-t-il pas voulu nous prémunir à l'avance contre les terreurs qu'auraient pu nous causer nos audaces, quand il a dit à son prophète : « Ne crains pas en leur présence ; car je ne permettrai pas que tu craignes leur visage » (Jérémie, I, 17).

Or, au lieu de « ceindre nos reins et de dire au peuple tout ce que le Seigneur nous commandait », ne nous sommes-nous point attardés à « préparer des tapis pour reposer les bras, et des oreillers pour appuyer les têtes » (Ezéchiel, XIII, 28), « fortifiant ainsi le bras de l'impie pour l'empêcher de revenir de sa voie inique et de trouver la vie ? » (Id., v. 22).

Des « ministres attitrés de la parole », passons à ceux qui, « sans s'arroger la mission des docteurs, communiquent aux autres ce qu'ils ont eux-mêmes reçu », passons aux laïques.

Ceux-là ont attaqué, mais qu'ont-ils attaqué ? des hommes politiques, des abus politiques, des opinions politiques. Les fausses doctrines, ils les ont ignorées. Bien plus, la vraie doctrine, ils l'ont méconnue et reniée. On pourrait presque compter sur le doigt les réunions publiques où, dans le cours de ces vingt dernières années, on a *osé* parler de Dieu. Dieu est pourtant la « première et la plus haute vérité », et celle-là méconnue, jugez du sort qu'ont éprouvé les autres.

Même au point de vue politique, qu'ont été ces conférences publiques ? Vibrantes ? — Ah certes ! enflammées ? — de vraies torches ! convaincantes ? ça, c'est autre chose ! Le but essentiel qu'on s'y proposait n'était pas de modifier des idées, mais de créer un courant d'opinion, et d'arriver surtout à faire voter un ordre du jour flétrissant. Quant aux conférences dites contradictoires, rien ne nous révèle mieux qu'elles la faiblesse des orateurs qui n'a d'égale que l'ignorance des auditeurs. La plupart du temps, le contradicteur apporte des faits vrais ou faux, en masse, à la pelle; le défenseur y oppose d'autres faits ni mieux prouvés ni moins nombreux ; l'auditeur, ahuri devant cette avalanche, reste interdit, indécis entre le sac d'avoine matérialiste et le seau d'eau spiritualiste. Pour sortir de cette impasse, l'un des orateurs lance un bon mot, un mot à effet ; l'adversaire réplique aussitôt par un ignoble calembour ; et la réunion se disperse sur un lazzi, un jeu de mots inepte, quand ce n'est pas dans un tohu-bohu indescriptible.

Et voilà ce que ce sont les joutes oratoires, chez le peuple le plus spirituel du monde. Du sentiment, de la passion, tant qu'on en veut ; mais, du raisonnement, du bon sens, pas une once !

Le résultat ? c'est que si l'erreur a eu plus de « blague », disons le mot, « plus de gueule » que la vérité, elle passera pour l'avoir emporté, au grand scandale des âmes simples.

Les principes sont perdus en France, parce qu'on parle plus qu'on ne raisonne. Le fléau de la balance étant ainsi faussé, comment pourrait-on peser les raisons bonnes ou mauvaises ?

Donc, moins d'impétuosité, moins de chaleur, moins de talent même ; mais, plus de sérieux, plus de préparation, plus de science surtout. L'année terrible nous a montré que la *furia francesa* ne valait pas l'impassibilité d'un de Moltke. Visons aussi à n'admettre aucune faiblesse dans notre vie, si nous voulons laisser toute sa puissance à notre parole.

§. — *Parole privée.*

Voici une autre arme d'une utilité non moins grande que la précédente, et que nous, catholiques, nous avons malheureusement trop dédaignée.

Ce par quoi le prosélytisme se fait le plus reconnaître, c'est par l'emploi de la parole privée. C'est par là qu'il triomphe. Il y a même des peuples, l'anglo-saxon par exemple, qui en ont la spécialité : les pasteurs protestants y excellent. Les sectes également se recommandent par cette marque. Les francs-maçons enfin lui ont dû tous leurs succès : ils n'ont jamais ouvert des cours, donné des conférences, publié des livres pour faire connaître leur institution ; c'est par des conversations intimes, des entretiens seul à seul, des communications faites sous le manteau de la cheminée, dans le secret, dans l'ombre, qu'ils en ont dévoilé les arcanes. C'est grâce à cette méthode qu'ils sont arrivés à mettre la main sur le gouvernail des Etats ; en même temps qu'ils battaient en brèche l'influence de l'Eglise. Mais ce qu'il y a de plus étonnant, c'est que l'Eglise elle-même, à ses débuts, ne s'est édifiée et propagée que par la parole privée. Les conférences publiques n'étaient guère florissantes du temps de Néron : les conférenciers auraient couru le risque d'aller servir à éclairer ses jardins. Il en fut ainsi pendant plus de trois cents ans. C'est donc par la parole privée que le Christianisme est arrivé à transformer l'antique société païenne ; et c'est par la parole privée encore que la société néo-païenne aspire à retransformer sa vieille rivale, la société chrétienne. Or, maintenant (et c'est ici le point culminant de notre démonstration), dites-nous par quel prodige, l'Eglise étant toujours fidèle à l'Esprit de son divin fondateur, ses enfants n'étant d'autre part ni moins nombreux ni moins savants qu'autrefois ; dites-nous comment il se fait que la parole privée a disparu de son sein, et que l'esprit de prosélytisme s'y est éteint ? Sans doute, il y a encore et il y aura toujours des hommes vraiment zélés, vraiment brûlants du désir de communiquer aux autres la foi dont ils sont pénétrés ; mais qu'ils sont rares ! Prenons comme exemple une paroisse encore chrétienne de nos campagnes. Dans cette paroisse de 500, de 800 âmes, si vous le voulez, il n'y a que dix mécréants. Or, ces dix drôles seront, sans cesse, occupés du matin au soir, soit aux champs, soit à la maison, à déblatérer contre la religion ; tandis qu'à côté d'eux, des centaines de catholiques observeront de Conrart le silence prudent. Les premiers ne songeront qu'à recruter des adeptes ; les seconds n'auront jamais la pensée d'augmenter leur nombre. Les uns s'affichent pour faire le mal ; les autres fuient, se dispersent, ou se cachent pour faire le bien. Quelle explication trouverons-nous à un tel phénomène ? La voici : Si les catholiques n'osent pas bouger ni parler, c'est qu'ils n'ont pas l'esprit qu'ils devraient avoir. En un mot, et c'est là une preuve éclatante du mal qu'il nous a fait, c'est le libéralisme qui a tué dans les âmes l'esprit de prosélytisme. Les catholiques raisonnent ainsi : « Chacun doit être libre dans ses opinions : moi, je vais à la messe, je pense bien faire ; vous, vous n'y allez pas, vous pensez bien faire aussi ; liberté pour tous et en tout. » Cela veut dire, en bon français, que toutes les opinions, toutes les doctrines, toutes les religions se valent. Mais nos adversaires se gardent bien de penser ainsi. « Je ne vais pas à la messe, je fais bien, je m'en vante, disent-ils ; vous, vous y allez, vous êtes un imbécile. » Vous voyez la différence ; et, comme la foi, en quelque chose que ce soit, en impose toujours, il arrive que les mauvais finissent par passer pour avoir raison et les bons pour avoir tort.

Donc, guerre à mort au libéralisme. Tuons-le pour faire revivre la parole. Telle est la conclusion qui s'impose.

2° L'*Écrit*. — Il faudrait un volume pour dire son importance, et l'emploi que nous en devons faire. Bornons-nous à présenter quelques brèves observations.

Lucerna ardens et lucens. L'écrit, comme la parole, est un flambeau ; ou plutôt, tous les deux ne sont qu'un seul flambeau, dont la parole est la chaleur, et l'écrit la lumière. L'une émeut, l'autre persuade, celle-ci est utile pour un coup de main, celui-là assure le succès par une action patiente et méthodique. Dans la lutte contre le mal, ne séparons pas l'écrit de la parole ; la brochure, le livre, le journal achèveront ce qu'aura commencé la conférence.

A laquelle des trois formes de l'écrit donnerons-nous la préférence ? Les uns sont pour le journal: « la presse, ça presse », dit-on ; d'autres ne voient que le tract ; les respectables *in-octavo* enfin trouvent des partisans. A notre avis, ces derniers, les ouvrages de fonds, sont dans la polémique ce qu'est la grosse artillerie dans la bataille moderne. Ils seront donc chargés de battre, de leurs puissants arguments, les murs de la citadelle ennemie, pulvérisant ses batteries, éventrant ses redoutes. Moins puissante, mais aussi moins lourde, la brochure, le canon-revolver de la lutte intellectuelle, projettera son feu vif, crépitant ; elle nettoiera la place et préparera l'assaut ; enfin, l'infanterie, cette reine des batailles, et en l'occurrence, la presse, précipitera le feu roulant de ses articles, ou enlèvera la position à la pointe acérée de ses critiques. L'essentiel, c'est que toutes les armes se prêtent un mutuel appui ; qu'elles attaquent toutes ensemble la même position ; qu'elles ne soient pas occupées, l'une à pourfendre les socialistes, l'autre à critiquer tel ou tel parti catholique, une troisième à propager des œuvres sociales ; comme si, dans les batailles russo-japonaises, le parc de grosse artillerie s'était trouvé à Liao-Yang, l'artillerie légère à Séoul, et les fusils à Moukden.

Nous voyons par là ce qui nous a manqué jusqu'ici, et ce que nous devons avoir à l'avenir. Ce qui nous a manqué, c'est l'union ; ce que nous devons avoir, c'est un Comité de direction, qui ne peut être, en l'espèce, puisque nous sommes catholiques, que l'Épiscopat lui-même ; mais un Épiscopat uni, agissant, conscient de ce qu'il veut : de sa marche, de sa méthode, de

son but surtout ; et qui n'hésite pas par conséquent à donner des ordres, plutôt que des conseils.

L'unité d'action ainsi rétablie, chacun pourra
ensuite, sous l'influence d'un seul et même
souffle, se livrer à son goût particulier, choisis-
sant l'arme dont il a l'habitude, comme David
qui préférait à l'armure de Saül sa fronde et
son bâton de berger. Il y a cependant quelques
défauts à éviter, défauts inhérents à chaque
genre d'armes à employer, et que nous allons
signaler.

Le défaut du journal est celui-ci : il détruit
presque aussitôt l'opinion qu'il vient de créer.
Le désir excessif d'être « actuel » en est la
cause. Successivement en effet, le lecteur tres-
saille d'horreur au meurtre de Syveton, s'indigne à propos des fiches, s'extasie sur la Duse,
se passionne pour les petites reines des Halles,
tremble en songeant aux conséquences du dé-
barquement de Guillaume II à Tanger, pâlit au
récit des tueries de Moukden, forme des vœux
pour la flotte russe, trépigne de désespoir à la
nouvelle de sa destruction, et, finalement, s'abat
anéanti et demeure inerte. A force de faire vi-
brer les cordes de l'âme, on les a brisées.

Que la feuille catholique ait un « clou » bien
acéré ; qu'elle le fixe sur la tête de son lecteur ;
et qu'elle l'y enfonce avec persévérance,
comme le *Delenda Carthago* de Caton. On a
ri de Drumont qui nous a fait voir des juifs
partout. La postérité, plus impartiale, diraqu'il
a été « un homme » ; et que son idée, tout ob-
sédante qu'elle fût, aura contribué, pour une
large part, au relèvement du sentiment natio-

nal en France. D'autre part, sous l'influence de certaines feuilles révolutionnaires, la populace n'en arrive-t-elle pas, comme Villemain, à prendre des pavés pour des jésuites? Choisissons donc notre clou, encore une fois, et tapons ferme. Quand nous aurons répété un million de fois qu'il faut être « catholique avant tout », la France entière sera bien près de le croire.

L'auteur d'un excellent ouvrage qui a pour titre : *Que devons-nous faire ?* nous montre à l'œuvre les socialistes. « La feuille révolutionnaire, dit-il, se prétend, non sans raison, une feuille de doctrine et elle enseigne le catéchisme ; elle est tout entière à sa grande fonction ; fendre en fragments, mettre en petits morceaux, découper en tranches, réduire en miettes, non pas le Credo collectiviste, mais le bloc. » Pour si mauvaise que soit la secte d'où nous vient cet exemple, imitons-le néanmoins.

Le moindre des défauts des brochures catholiques a été, jusqu'en ces derniers temps, d'être absolument insignifiantes. Le Christianisme était sapé dans ses fondements mêmes, et l'on se serait cru, d'après le ton général des « tracts » publiés, en pleine période de ferveur religieuse ; ou si l'on songeait, de loin en loin, à combattre les incrédules, c'était avec les arguments du XVIIIe siècle. C'est louable évidemment de faire voir la beauté de notre sainte religion, et les esprits rebelles à l'argument du feu qui fait fondre le beurre et durcir les œufs sont dignes de notre pitié la plus profonde ; ce serait mieux cependant de prendre corps avec l'erreur actuelle et de lui disputer le terrain pied à pied. Le premier congrès catholique de l'Evangile, tenu à Paris (30 janvier - 2 février 1902) nous a montré ce qu'il y aurait à faire sous ce rapport. Il s'était proposé deux buts principaux : 1° Rappeler comment l'Evangile a transformé le monde autrefois et donné à la France ce qui a fait sa force et sa grandeur ; 2° Montrer comment il pourrait, si nous le voulions, nous rendre encore les mêmes services. Nous pourrions, suivant la même méthode, nous appliquer désormais dans nos tracts : 1° à rappeler quelle a été, dans l'antiquité, la somme de maux dont le paganisme a accablé l'individu et la société ; 2° à montrer comment la F∴ M∴, en ressuscitant le paganisme parmi nous, s'applique à nous préparer les mêmes calamités. A côté de cette thèse fondamentale et doctrinale, projetons des lueurs rapides sur les agissements des suppôts de la Franc-Maçonnerie. Montrons le franc-maçon chez lui, dans sa loge, à la tribune, au ournal, dans l'administration, dans le vol des couvents, dans la désorganisation de l'armée, dans la propagation des doctrines de Malthus, en un mot partout où sa vilaine main s'étend pour souiller et pour détruire.

Les ouvrages de fonds sont précieux, par la documentation dont ils sont susceptibles, à la cause catholique ; malheureusement ils sont introuvables, ou lorsqu'on les rencontre par un heureux hasard, ils sont inabordables. Si l'on se fie aux prospectus des libraires, — et comment ne pas s'y fier puisqu'on n'a que cela pour se renseigner, — on peut acheter vingt volumes avant d'arriver à l'ouvrage qui convienne. Est-il enfin trouvé, c'est un in-octavo de cinq à six francs. Pour un pauvre curé de campagne; ou pour un laïque ayant femme et enfants, plus les impôts, avouez que c'est cher. On commence cependant à s'apercevoir de cet inconvénient; on a même fait de louables efforts pour y remédier. Un des essais les plus heureux, dans cet ordre d'idées, a été la création de « Séries », de « Collections » composées d'ouvrages sérieux, bien documentés, bien écrits, d'un format commode et d'un prix à la portée de toutes les bourses. La collection-type, pourrait-on dire, est celle fondée par MM. Bloud et Barral, sous ce titre « Science et Religion ». Elle ne comprend que des petits volumes de 60 pages chacun, et du prix de 0 fr. 60. D'autres libraires suivent en ce moment cet exemple. Le mouvement est donné et ne fera, nous l'espérons, qu'aller en s'élargissant.

Quoi qu'il en soit, ce que nous désirerions surtout ce serait la création d'un office central de librairie, ne comprenant que des ouvrages composés spécialement en vue de la lutte religieuse; quelque chose d'analogue enfin à ce qui existe, en Angleterre, sous le nom de *Religious tracts society* ou *Société de publications religieuses*, et fonctionnant sous la haute direction de l'Episcopat.

A côté de cette œuvre de publication, il en faudrait une autre de diffusion. La même chose existe encore en Angleterre, et Dom Piolet, dans un article sur « les Missions anglicanes » paru dans le *Correspondant*, nous a donné sur cette œuvre d'intéressants détails en même temps qu'il publiait des chiffres très suggestifs. Il nous montre en effet que les sociétés protestantes ont distribué, en une seule année, 22.544.098 livres ou brochures.

Dans un ouvrage cité déjà : *Que devons-nous faire ?* nous voyons qu'en Allemagne, de 1891 à 1899, les catholiques ont distribué plus de 23 millions de brochures populaires.

Et en France, que faisons-nous ? Les bons catholiques emploient leur argent à s'acheter des bicyclettes, des automobiles, des pianos, des tableaux, et ils laissent tranquillement se propager, sans les combattre, les doctrines révolutionnaires et francs-maçonnes dont la diffusion amènera tôt ou tard l'incendie, le vol et le meurtre.

Le Pape Léon XIII nous disait pourtant : « Il ne suffit pas de se tenir sur la défensive, mais il faut descendre courageusement dans l'arène et combattre la Franc-Maçonnerie de front : c'est ce que vous ferez, chers fils, en opposant publications à publications, écoles à écoles, associations à associations, congrès à congrès, actions à actions.

« A ses gages, combat une presse antichrétienne au double point de vue religieux et social ; vous, de votre personne et de votre argent, aidez, favorisez la presse catholique. » (Lettre au peuple italien sur la Franc-Maçonnerie, 8 décembre 1892.)

EPILOGUE

Nos lecteurs voudront bien ne voir, en cet ouvrage, ni une œuvre littéraire, ni le programme d'un parti, mais uniquement un acte de foi en face des reniements que le Libéralisme nous fait journellement commettre ; acte de foi : en Dieu, dont il méconnaît la puissance ; en Jésus-Christ, Fils de Dieu, dont il ignore la royauté ; en l'Eglise de Jésus-Christ, dont il trahit les droits et abandonne la défense. « Là où est le corps, dit l'Ecriture, là se rassembleront les aigles. » Il est temps, plus que temps, que les aigles, c'est-à-dire les âmes loyales et vaillantes dont le vol puissant ne peut se faire aux bas-fonds des misérables intrigues de la politique, se rassemblent sur les hautes cimes de la Vérité, là où l'Eglise a son corps de doctrine, là où la lumière est vive, l'air vivifiant et pur. Laissons les morts ensevelir leurs morts ; ne cherchons pas à sauver ce que le Seigneur a condamné, à acclamer ce qu'il a maudit ; n'essayons pas de faire une chair vive d'un membre en putréfaction. Pour parler plus clairement, n'entrons pas dans le parti des honnêtes gens pour nous y corrompre et nous y transformer en libéraux ; mais fondons le parti de Dieu pour qu'ils viennent s'y purifier et s'y changer en catholiques. Sortons de la cité du Mal où nous languissons impuissants ; et, en face d'elle, bien en face, édifions la cité du Bien ; mais ne l'asseyons pas sur un sol branlant, sur du sable mouvant ; établissons-la sur le roc de l'Eglise ; donnons-lui comme pierre angulaire, sur laquelle viendront se briser les efforts de l'ennemi, Dieu, base éternelle de toutes choses. « Quelle est en effet, dit S. S. Léon XIII, la vérité principale et essentielle, celle dont toute vérité dérive ? C'est Dieu. Quelle est donc encore la bonté suprême dont tout autre bien dérive ? C'est Dieu. Quel est enfin le créateur et le conservateur de notre raison, de notre volonté, de tout notre être, comme il est la fin de notre vie ? Toujours Dieu. Donc, puisque la religion est l'expression intérieure et extérieure de cette dépendance que nous devons à Dieu à titre de justice, il s'en dégage une grave conséquence qui s'impose : Tous les citoyens sont tenus de s'allier pour maintenir dans la nation le sentiment religieux vrai, et pour le défendre au besoin, si jamais une école athée, en dépit des protestations de la nature et de l'histoire, s'efforçait de chasser Dieu de la société, sûre par là d'anéantir le sens moral au fond même de la conscience humaine. Sur ce point, entre hommes qui n'ont pas perdu la notion de l'honnête, aucune dissidence ne saurait subsister. » Lettre au clergé de France.

En face de la Franc-Maçonnerie socialiste

qui a relevé l'étendard du Révolté et qui crie :
« Ni Dieu ni Maître », élevons, nous, catholiques,
la bannière de saint Michel et répétons avec lui :
« Qui est comme Dieu ? » ; puis, réglant nos actes
sur nos paroles, mettons en toutes choses : Dieu
d'abord.

Que si le pessimisme vient, malgré nous,
nous envahir à la vue des progrès du mal,
jetons un regard autour de nous et sachons
discerner les signes d'espoir que Dieu veut bien
déjà nous donner, et qui sont :

Au sein du clergé, une réaction contre le
libéralisme, par l'attitude de plus en plus virile
des évêques et des prêtres.

Au sein des travailleurs, une révolte contre
le socialisme, par l'union des Jaunes.

Au sein des intellectuels, un mouvement
contre l'antipatriotisme et l'internationalisme,
par le retour aux traditions nationales, sous
l'inspiration de « l'Action française ».

Au sein des jeunes, une lutte contre l'impiété, par « la Jeunesse catholique française ».

C'est ainsi que sous la pourriture du régime
actuel surgit déjà ce qui sera la France de demain.

Nous avions achevé cet ouvrage, lorsque nous
fûmes amené à faire la connaissance d'un des
membres du Comité de l'*Action catholique française*,
dont le siège se trouve à Paris, 14, rue de l'Abbaye.
Il se trouva que, sans le savoir, nous avions repro-
duit, dans le présent travail, tous les principes
dont s'inspire cette excellente organisation qui ne
veut qu'une chose : l'union de tous les catholiques,
sur un terrain exclusivement catholique, pour y
fonder, selon le mot de Pie X, le « parti de Dieu ».

Les personnes qui désireraient sur certaines questions politiques, envisagées au point de vue catholique, plus de détails que n'en pouvait donner cette étude, trouveront ces questions, traitées tout au long et avec infiniment plus de compétence, dans le bulletin mensuel de l'*Action catholique française* (Abonnement : 3 francs par an. S'adresser à M. Francis Cambuzat, 14, rue de l'Abbaye, Paris). Ajoutons que nous serions trop heureux si cette note pouvait déterminer quelques-uns de nos lecteurs à faire partie de cette organisation plus que jamais nécessaire, et dont les adhérents se comptent déjà, nombreux et résolus, sur tous les points de la France. — P. C.

Note : Le comité de l'Action catholique française nous fait remarquer que l'*OEuvre électorale*, dont il est parlé au cours de cet ouvrage, est devenue la présente Action catholique française.

FIN

TABLE DES MATIÈRES

—

FIN DE LA TABLE

Saint-Amand (Cher). — Imprimerie Bussière.

www.ingramcontent.com/pod-product-compliance
Ingram Content Group UK Ltd.
Pitfield, Milton Keynes, MK11 3LW, UK
UKHW021518090726
13657UKWH00001B/320